KB234742

지중해의 **신화**

이 저서는 2007년도 정부의 재원으로 한국연구재단의 지원을 받아
수행된 연구(NRF-2007-362-A00021)입니다.

지중해의 신화

지중해지역원 지음

　　지중해 신화는 크게 아프리카 북부, 유럽, 근동 서남 아시아의 세 지역으로 구분하여 살펴볼 필요가 있다. 그것은 이 세 지역이 자연이나 생활환경, 나아가 사회제도나 사고방식, 가치관 등에서도 크게 차이가 있기 때문이다.

　　그중 가장 오랜 신화의 전통을 가진 곳은 북아프리카의 이집트로서 그 상형문자가 남아 전하는 것으로 보면 기원전 3천 년은 족히 거슬러 올라간다. 이집트의 문명은 근동은 물론 에게 해를 건너 유럽에도 영향을 준 것으로 오늘날 관심을 모으고 있으며, 최근 세인의 관심을 모으는 『블랙 아테나』는 그리스의 신화 및 문명이 이집트의 영향을 적지 않게 받고 있음을 논하는 대표적 저술이다. 사실 고금을 막론하고 이집트와 유럽은 지중해를 중간에 두고 마주하고 있어서 상호 영향을 주고받았음을 배제할 수가 없다. 그러나 양 대륙은 문화나 사회 구성의 원리 등에서 큰 차이가 있다. 그리고 그 차이점을 분명하게 노정하는 것이 바로 신화이다.

　　오늘날 소아시아를 차지하고 있는 터키족은 11세기부터 중앙아시아에서 이주해 왔으며 1000년의 비잔틴 제국을 무너뜨린 오스만 제국의 후예들이다. 터키족이 지중해 연안에 등장한 것은 11세기 이후지만 오스만 제국은 지중해 세계를 500여 년 이상 지배했고 터키는 오늘 날까지 동지중해에 속해 있으므로 지중해 신화의 영역에 포함하게 되었다.

책의 구성은 2부로 하고, 1부에는 아프리카의 이집트와 소아시아의 터키, 2부에는 유럽의 그리스, 로마, 스페인, 프랑스 편으로 엮었다.

1부

이집트 신화는 너무 산만, 복잡하고 신들의 이름도 생소하다. 아랍어는 물론 그리스, 로마식 이름이 같이 사용되고 있다. 시간이 흐르면서 또 지역에 따라서도 다른 신들이 복잡하게 등장하기 때문에 신의 성격을 구분하기도 어렵다. 이집트의 신들은 그 성격, 역할, 특징이 유기적으로 조직화되지 않아 서로 중복되는 일이 많으며 숫자도 엄청나게 많다. 또 ‘신전의 나라’라고 할 정도로 많은 신전들이 있다.

고대 이집트는 종교와 신화적 표현으로 가득 차 있으며, 이미 선사시대부터 몇몇 신들에 대한 숭배, 장례식 축제, 개인적인 숭배 의식 등 신앙이 발전해왔다. 신들은 사람의 몸과 동물의 머리를 가진 인간의 형태로, 혹은 그냥 동물만으로 상징화될 수 있었다. 경배받는 신들 대부분의 기원은 순수하게 지역적이거나, 이집트가 여러 독립국가로 쪼개져 있던 왕조 이전 시대로 거슬러 올라간다. 이러한 향토신들 일부는 통일국가가 되면서 전국적인 신이 된다.

이 책에서는 가능한 한 복잡한 이집트의 신들을 체계적으로 정리, 소개하기 위해 신전과 결부시키는 방법을 썼다. 먼저 이집트의 신화를 개괄적으로 설명한 다음, 신들의 ‘집’에 해당하는 신전의 구조와 기능을 일견하며, 그런 다음 나일 강을 따라 남에서 북으로 늘어서 있는 유명한 신전들을 중심으로 주요 신들을 설명해 간다. 이집트의 수많은 신들을 여기서 다 다룰 수는 없으므로, 신전에 모신 신들이야말로 이집트인들의 삶에 미친 영향이 상대적으로 더 크다고 보기 때문이다.

지중해 세계에서 유구한 역사를 자랑하는 이집트와는 달리 터키족은 상대적으로 후대에 지중해 세계에 등장했다. 터키족은 몽골족, 만주-퉁구스족과 더불어 알타이 민족들 가운데 한 그룹인 튀르크족의 한 종족이다. 터키족의 역사상 최초의 조상은 돌궐족(Gokturk)이다. 돌궐족은 6세기 중반 몽골리아와 중앙아시아에 거대한 돌궐제국을 형성한 종족으로 자신들을 '튀르크(Turk)'라고 불렀다.

돌궐제국의 멸망과 함께 흩어진 튀르크족은 서진하여 중앙아시아에서 셀축제국을 건설했다. 중앙아시아에서 세력을 확장시킨 튀르크족은 11세기에 아나돌루(아나톨리아) 반도로 이주하였여 오스만제국을 건설하였고 이들의 후예가 터키족인 것이다. 그러므로 터키 신화라는 말은 적절치 않은 표현이다. 터키족은 유라시아에 분포되어 있는 여러 튀르크족의 한 종족일 뿐이며 여러 튀르크족들과 언어, 역사, 문화를 공유한다. 터키족의 신화라기보다는 모든 튀르크족의 신화, 민담, 영웅서사시, 전설 등을 포함하여 설화, 즉 튀르크 설화라고 함이 더 옳을 것이다. 튀르크 설화란 돌궐 제국의 멸망 이후 역사 속에 등장한 여러 튀르크족을 비롯하여 현재 유라시아에 존재하는 모든 튀르크족의 설화를 의미한다. 입에서 입으로 전해지는 설화의 특성상 동쪽의 중국 신장 위구르족의 설화 속의 등장인물은 중앙아시아 튀르크족의 설화와 아나돌루 설화 속에 등장하는 인물과 동일하게 묘사되기도 한다. 주인공의 이름과 설화의 제목이 다를지라도 주인공의 역할과 설화의 내용은 매우 유사한 것을 발견할 수 있다. 또한 현재 터키인이 거주하는 아나돌루는 고대로부터 여러 다양한 문명들이 존재했던 곳으로 여러 문화 유적들과 더불어 전해 내려오는 설화도 매우 다양하고 풍성하며 복합적이다. 이 책에서는 유라시아에 존재하는 튀르크족의 대표적인 설화와 함께 터키인이 거주하는 아나돌루의 설화들도 소개하였다.

2부

유럽 쪽 지중해의 신화에서는 고대 신화로서 어느 지역에도 뒤지지 않는 풍성한 내용을 담고 있는 그리스, 로마 신화, 또 다소간에 그 영향하에 있는 프랑스, 스페인 지역의 신화를 소개한다. 특히 고대 그리스, 로마 신화는 중세를 거쳐 오늘날에 이르기까지 다양하게 번안 각색되고 있다.

고대 그리스 신화는 약 2천 년간 지속되었다. 위로는 기원전 15세기경에 비롯된 미케네 문명 시대의 선문자 B에 이미 보이기 시작했고, 아래로는 기원후 4세기 로마 제국의 수도를 콘스탄티노플(그리스 도시: 비잔티움)로 천도한 콘스탄티누스 대제에 의해 기독교가 수용되던 시기 이후까지 그 흔적을 찾아볼 수 있다. 그동안 그리스 신화는 시대, 장소, 도시들마다 여러 가지로 번안되었으나, 이미 기원전 8세기 호메로스 및 헤시오도스의 서사시가 보여 주고 있듯이, 신들은 족보에 편입되어 전해져 내려왔다. 지리적으로 '고대 그리스'라고 함은 그리스 본토만을 칭하는 것이 아니고, 소아시아와 흑해의 연안, 남부 이탈리아 및 시켈리아 등을 광범하게 포함한다.

그리스 신화의 특징은 많은 신들 중 아무도 전지전능하거나 초월적이거나 세상 바깥에 존재하지 않는다는 것이다. 독단적 교리, 위계조직이나 교회, 신의 권위와 관련된 종교적 혹은 정치적 특권계층 같은 것도 존재하지 않는다. 영생의 갈망, 사후에 자유를 얻으려는 소망 같은 것도 없다. 그리스 신화는 새롭게 번안, 각색되며, 계속 반복되고 생동한다. 이렇게 신화적 소재가 다르게 번안되는 것은 같은 문화권 내부의 상이한 집단들 간의 독자성, 대립, 충돌을 반영하는 것이며, 자유와 자치에 입각한 다수 도시국가(폴리스)로 구성된 고대 그리스의 정치적 현실과 관련이 있다.

로마의 신화는 이탈리아 토착의 고유한 영역과 함께 그리스 신화의 영향을 함께 내포하고 있다. 그리스 신화와 로마의 신화는 서로 상응하는 신들의 존재를 통하여 긴밀한 문화적 접변 현상을 노정하고 있다. 그럼에도, 구체적인 신화의 전개에서는 두 사회 및 문화 간의 차이점이 드러난다. 도시국가 및 시민을 중심으로 한 그리스의 정치체제와 달리, 로마는 장차 지중해에 등장하게 될 제국의 전신으로서 사회적 불평등, 정치권력의 편중이 그리스보다 더 심했고, 귀족적, 호전적인 가치관이 더 발달되었다. 이 책에서는 로마의 신화가 그리스 신화와 다른 독특한 요소를 다소간에 내포하고 있음을 조명하게 된다.

프랑스 편에서는 고대 골(Gaule: 프랑스의 옛 명칭)에 거주한 갈리아 켈트(celtique gauloise)인의 신화를 소개한다. 골의 토착인에게는 500여 신들이 존재했고, 케사르의 골 침입 이후 갈로-로마의 복합문화가 전개되면서 이들은 로마의 신들과 융합되었다. 골 토착 신화의 밑바탕에는 영혼불멸과 재생을 믿는 드루이드교 및 그 사제가 있었다. 또 산, 나무, 강과 같은 특정한 곳에 머무는 정령으로서의 지역 신들과 '디스 파테르'라고 하는 조상신이 있는 점이 특징이다. 오늘날 많은 프랑스인들이 골의 신화를 자신들의 전통으로 받아들이고 있으며, 그들에게 인기 있는 만화 '아스테릭스'는 골의 아르모리크(프랑스 서부 브르타뉴 지역)의 신화를 재현하고 있다.

스페인은 지정학적으로 유럽과 아프리카의 서쪽 교차점에 위치하고 있어 그 역사적 흥망성쇠가 무쌍했다. 현재 남아 전하는 신화도 다양한 문명이 교차한 흔적을 간직하고 있다. 토착의 신간 신앙은 물론, 고대 그리스의 영향을 보여 주는 헤라클레스 동굴 신화, 게르만족 일파인 서고트 왕국의 멸망 신화, 무슬림 침략과 그 지배, 기독교 성서의 내용 등이 스페인의 신화에 결합되어 있음을 보게 된다.

지중해에 연한 지역의 신화를 한 권의 책으로 엮어놓고 보니, 미흡하나마 지역 간 문화적 접변의 현상이 신화에 그대로 반영되고 있음이 드러난다. 서쪽 끝 이스파니아에서 동부 지중해의 터키에 이르기까지 신화의 내용이나 신과 영웅의 명칭에서 공분모가 추출되는 한편, 지역 간의 고유성에 따른 차이점도 일견할 수 있게 되었다.

이런 기초 작업을 바탕으로 지중해의 각 지역 신화 간에 보이는 공통점 및 차이점에 대한 더 체계적인 사회, 경제적 비교 분석이 가능할 것으로 전망된다. 그러나 그 분석은 이 책에서 다룬 전체적, 거시적 입장이 아니라, 미시적인 접근을 통해 이루어져야 할 것으로 생각되며, 그 작업은 다음 기회로 미루도록 한다.

2013년 4월 30일
지중해지역원 연구진 일동 외

Contents

제1부

이집트 신화 · 튀르크 설화

신전과 함께한 이집트 신들*

임병필

1. 머리말

이집트는 신화의 나라이고 신전의 나라이다. 파괴되어 흔적만 남아 있는 것들은 제쳐두더라도 수천 년이 흐른 지금까지도 놀라움을 자아내는 신전들이 나일 강을 따라 줄줄이 늘어서 있다. 이집트에 이렇듯 신전들이 많은 이유는 고대 이집트인들의 삶의 중심에 언제나 종교가 있었기 때문이다. 파라오들은 자신들의 기원을 신들에게서 찾았으며, 대부분의 파라오들은 자신을 각기 다른 숭배 대상과 결부시켰다. 이를 바탕으로 건립된 장엄한 신전들은 그들의 정치적 지위를 더욱 확고히 만들어 주었다.

한편 이집트 신화는 복잡하고 어렵다. 이름도 생소할 뿐만 아니라 아랍어 이름, 그리스 이름, 로마 이름이 같이 사용되고 있으며 더욱이 시간이 흐르면서 복합 신들이 등장함으로써 어떤 성격을 가진 신인지

---

* 이 글은 참고문헌에 제시한 다양한 자료들의 관련 내용들을 취합하고, 대중들을 위한 교양서로서의 수준에 맞게 많은 부분을 수정·보완하였다. 특히 아랍어 원음을 가능한 한 살리려고 노력함으로써 기존의 용어와는 다소 달라진 용어들이 사용되기도 하였다. 만일 원고에 오류가 있다면 전적으로 편집자의 책임임을 밝혀둔다. 대부분의 사진 자료들은 편집자가 촬영한 것이나, 일부 인용한 것은 출처를 밝혔다.

구별하기 난감할 때가 많다. 이 신전에 가면 이 신을 모시고, 저 신전에 가면 또 다른 신을 모시고 있다. 도무지 정신이 없을 지경이다. 그래서 이집트의 신들을 쉽게 정리할 필요성이 생겼고, 이를 신전과 결부시키면 어떨까라는 생각이 들었다.

그래서 우선 이집트의 신화를 개괄적으로 설명하고, 신들의 '집'에 해당하는 신전의 구조와 기능을 가능한 한 간략히 설명할 것이다. 다음으로는 나일 강을 따라 남에서 북으로 늘어서 있는 유명한 신전들을 중심으로 주요 신들을 설명할 것이다. 이는 수많은 신들을 모두 다룰 수 없다는 제약 때문만이 아니라 신전에 모셔진 신들이야말로 이집트인들의 삶에 지대한 영향을 끼쳤다고 보기 때문이다. 또한 이러한 방식을 선택한 것은 '신전의 나라'라고 할 정도로 많은 신전들을 방문할 때 복잡한 신전과 신화를 보다 쉽게 이해하고 느낄 수 있는 정보를 제공할 수 있을 것이라 믿기 때문이다.

2. 이집트 신화와 신전

고대 이집트 문화는 종교와 신화적 표현으로 가득 차 있다.[1] 선사시대부터 몇몇 신들에 대한 숭배, 장례식 축제, 개인적인 숭배 의식 등 신앙이 발전해왔다. 이집트의 신들은 그 성격, 역할, 특징이 유기적으로 조직화되지 않아 서로 중복되는 일이 많으며 숫자도 엄청나게 많다. 신들은 사람의 몸과 동물의 머리를 가진 인간의 형태로, 혹은

---

1) 조르조 페레로 저, 김원옥 옮김, 『이집트: 고대 문명의 역사와 보물』, 2007, p.174.

그냥 동물만으로 상징화될 수 있었다. 경배받는 신들 대부분의 기원은 순수하게 지역적이거나, 이집트가 여러 독립국가로 쪼개져 있던 왕조 이전 시대로 거슬러 올라간다. 이러한 향토신들 일부는 전국적인 신이 되고 따라서 이집트 전역에서 경배받게 된다.

이집트 신화들 중에서 가장 중요한 의미를 갖는 것은 창조와 관련된 신화이다.[2] 이집트의 창조신화는 지역에 따라 조금씩 다르게 나타난다.

첫째, 헬리오폴리스의 창조신화는 태양신 아툼(Atum)을 주인공으로 하는 것으로, 현재 두 개의 상이한 본문들이 전해지고 있다. 그 하나는 '사자의 서'[3] 제17장에서 발췌한 것이다. 여기서 우주 만물이 아툼에 의해 창조되었다고 보지만 그가 어떻게 만물을 창조했는지는 설명하지 않는다. 아툼의 여덟 신 창조에 대해 말하는 또 다른 창조신화에 의하면, 그는 태고의 바다(Nun: 나일 강)에서 솟아난 태고의 언덕에서 여신의 도움 없이 자체 수정 방식으로 공기의 신 슈(Shu)와 그의 배우자인 습기의 여신 테프누트(Tefnut)를 창조한다. 이어서 슈와 테프누트는 땅의 신 게브(Geb)와 하늘의 여신 누트(Nut)를 탄생시키며, 게브와 누트는 다시금 지하계의 신인 오시리스(Osiris)와 그의 배우자인 이시스(Isis) 및 세트(Set)와 그의 배우자인 네프티스(Nephthys) 등을 낳는다.

---

2) 강성열, 2006, pp.48-51.

3) '사자의 서'는 신왕조 시대 이후, 미라와 함께 묻은 지하세계의 안내서라고 할 수 있는 두루마리이다. 죽은 이들이 안전하게 다음 세상에 도착하길 기원하는 기도문과 여러 가지 사건에 부딪칠 때 외우는 마법의 주문, 또 신들에 대한 서약에 대하여 적혀 있다. 그중에서도 가장 큰 비중을 차지하는 것은 죽은 이의 심판이다. 죽은 이를 심판하는 재판관 오시리스는 배심원을 거느리고 검사인 호루스 신, 서기관인 토트 신, 안내자이자 저울을 다는 아누비스 신과 죽은 이가 죄를 범했다고 판명될 경우 벌을 주는 아무트 신(악어의 머리, 사자의 갈기와 하마의 다리를 하고 있음)이 지켜보는 가운데, 사자가 내세로 들어갈 수 있는가를 재판한다. 이 때 양심을 상징하는 죽은 이의 심장 무게를 저울에 다는데, 깃털보다 심장이 무거운 사람은 죄가 많은 것으로 판단되어 아무트에게 심장을 먹히나, 착한 사람은 오시리스의 왕국에 들어가 영원한 삶을 살게 된다.

누트와 게브(©Egypt Landmarks). 하늘의 여신 누트와 땅의 신 게브는 서로 사랑하는 것 외에는 아무 관심도 없었다. 그래서 아버지 슈가 그들 사이를 갈라 놓았다.

둘째, 멤피스의 창조신화는 다른 지역과는 대조적으로 우주 창조에 관한 그 나름의 철학적인 체계를 가지고 있다. '멤피스 신학'이라는 이름의 창조신화에 의하면, 멤피스의 제사장들은 자기들이 섬기는 최고신 프타(Ptah)야말로 아툼의 아버지요, 아툼 자신이라는 주장을 한다. 이어서 이 신화는 최고신 프타가 그의 마음속에 있는 생각과 혀에서 나오는 말로써 여덟 신들을 포함한 우주 만물을 창조했다고 설명한다.

셋째, 헤르모폴리스의 창조신화는 태고의 언덕에서 헬리오폴리스의 여덟 신들과 구별되는 또 다른 여덟 신들이 창조되었다고 본다. 태초의 혼돈을 상징하는 네 쌍의 대칭 신들이 태고의 언덕에서 태어난다는 얘기이다. 태고의 물을 상징하는 눈(Nun)과 그의 배우자 나우네트(Naunet), 태고의 무경계성 또는 무정형성을 상징하는 후(Huh)와 그의 배우자 하우헤트(Hauhet), 어둠을 상징하는 쿠크(Kuk)와 그의 배우자 카우케트(Kauket), 인지 불능을 상징하는 아문(Amun)과 그의 배우자 아마우네트(Amaunet) 등이 그러하다.

넷째, 헤르모폴리스의 창조신화는 같은 상 이집트에 있는 테베의 창조신화에 큰 영향을 끼친다. 테베의 최고신인 아문(Amun)은 비교적 늦게 이집트 만신전에 등장한 까닭에 기존의 창조신들과 관련된 내용들을 흡수할 수 있었다. 테베의 제사장들은 태양신 라(레)를 아문의 눈(眼)으로 봄으로써 아문과 라를 동일시하며, 또한 아문을 토트나 호루스와도 동일시한다. 테베의 창조신화에 의하면, 우주 만물을 창조한 최고신 아문은 헬리오폴리스의 여덟 신들을 만든 동시에 헤르모폴리스의 여덟 신들까지도 창조한 신이다.

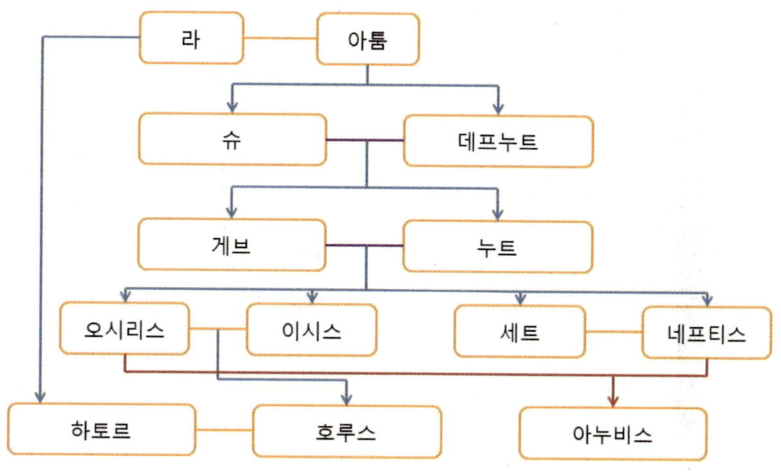

이집트 신들의 계보(ⓒ임병필)

이상의 창조신화와 함께 이집트 사람들이 주로 믿었던 또 다른 신화는 오시리스와 이시스 신화이다.[4] 이 신화는 그의 조상인 태양신 라로부터 이 세상의 지배권을 상속받은 오시리스라는 신에 대하여 말한다. 오시리스는 혼돈과 결합하는 그의 동생 세트의 시기 때문에 살해당한다. 오시리스의 누이이자 아내인 이시스는 세트가 빼앗은 남편의 왕좌를 되찾기 위하여 세트에 의하여 토막 난 오시리스의 시신을 모아 부활시킨다. 오시리스는 사후세계에 들어가 죽은 자들의 통치자가 되었으며, 이시스는 그의 아들인 호루스를 출산한다. 결국, 성인이 된 호루스는 세트와 싸워 승리한다.

한편 고대 이집트인들은 신들 또한 집이 필요하다고 생각했으며, 그래서 그들의 '집'에 해당하는 신전을 지었다.[5] 그리고 그곳에 신들을 상징하는 상(像)을 만들고 제물을 바쳤다. 신전들은 이집트 사회의 중심점이었기 때문에 막대한 자원들이 신전의 유지를 위하여 사용되었다. 파라오들도 신들의 영광을 고양하는 의무를 위하여 신전 건축과 재정 지원을 하였기 때문에, 많은 신전이 세계에서 가장 큰 카르나크 신전처럼 빠른 속도로 거대해질 수 있었다.

신전들은 신석기 시대부터 이집트에 왕정이 시작되기 이전까지에 해당되는 이집트 선왕조 시대 때부터 존재하였으며 문명의 발전에 따라 거의 모든 마을마다 신전들이 있었던 것으로 보인다. 신전들은 신성한 파라오의 영혼을 섬기는 시체안치소와 지역 신을 모시는 신전으로 이루어져 있었는데, 이는 신격과 왕권을 밀접히 연관시키려 하였기 때문이다. 다만 모든 신이 봉헌된 신전을 가지고 있었던 것은 아니

---

4) 위키피디아(이집트 신화 중 오시리스 부분 발췌)
5) 위키피디아(이집트 신화 중 신전 부분 발췌)

었다. 많은 신이 광범위한 숭배를 얻지 못하였으며, 주로 가정에서 숭배되는 신들은 신전보다는 대중 숭배에 초점이 맞추어져 있었다.

신왕국(B.C.1570~1069, 제18왕조~제20왕조)에서는 고왕국(B.C.2690~2181, 제3왕조~제6왕조)과 중왕국(B.C.2060~1785년, 제11왕조~12왕조)의 신전들로부터 발전한 구체적인 기본 신전 설계가 등장하였다. 이러한 기본 설계는 약간의 변화에도 불구하고 오늘날까지 남아 있는 대부분의 신전 건축에 표준으로 사용되었다. 결국 신전은 중심축이 동쪽을 향하게 정렬되어 나일 강을 따라 건설되었다. 신전들의 주요 입구는 나일 강 쪽으로 지어졌으며, 이곳을 통과하면 대체로 하나의 혹은 더 많은 탑문(파일론)을 또다시 통과하여야 했다. 이 파일론들을 거치면 열주로 이루어진 안마당이 나오는데, 이 안마당은 보통 봉헌물을 배달하거나 사제들이 만나는 장소였다. 안마당을 지나면 많은 기둥으로 천장을 떠받친 거대한 방이 위치하고, 그 뒤로는 사원이 있었다. 이 모든 것을 둘러싸는 보조방들은 신전에서 매일 행해지는 종교의식을 위하여 사용되었다. 탑문과 안마당, 열주들을 통과하여 신성한 사원에 도달하는 신전의 구조는 인간의 세상에서 신의 세상으로 가는 여정을 의미한다. 사원은 신의 성상들이 모셔져 있는 신전의 가장 신성한 장소였기 때문에 주로 파라오와 고위 성직자들에게만 접근이 허용되었다.

종교의식의 봉헌물은 전통적으로 파라오가 직접 혹은 사제들에 의하여 아침과 저녁에 바쳐졌다. 이 종교의식에서 파라오나 사제들은 신의 석상을 씻고, 성유를 바르고, 공들인 의복을 입히며, 음식을 바쳤다. 그 후에 신이 제물의 영적인 본질을 모두 소모하였다고 판단되면, 바쳐졌던 제물들을 사제들이 나누어 가졌다. 매일 바쳐지는 제물의식을 비롯하여 해마다 있는 축제에서도 종교의식을 치렀으며 특별한 상황에서는 보기 드문 종교의식을 행하기도 하였다. 종교의식은 무질서의 힘을 파괴하는 의미나 새로운 교리를 공표하는 의미가 있는, 신들의 형상을 다른 신성한 장소로 운송하는 행렬을 포함하였다.

신전들은 자신들의 소유지를 통한 수입뿐만 아니라 지방의 관리나 군주들로부터도 재정적 지원을 받았다. 이 소유지들에 포함된 토지나 농장, 정원, 광산, 채석장, 장인조합 등은 신전의 필요에 따라 생산물을 봉납하였다. 거대한 신전들은 종종 수천 명에 다다르는 사람들을 고용할 정도로 중요한 경제적 중심지이기도 하였다.

한편 파라오는 신들의 대리자로서 모든 사제에 대한 임명권을 가졌다. 하지만 신전의 부가 축적되면서 사제들의 영향력도 파라오를 위협할 만큼 강해졌다. 결국 제3중간기에 들어서서는 아문 신을 섬기는 테베의 사제들이 상 이집트를 통치하기에 이르렀다.

사실 고왕국과 중왕국 동안에는 사제들의 계급이 없는 대신에, 정부의 공무원들이 일 년 중 몇 개월 동안 세속에서 떠나 신을 섬겼다. 전문적인 사제들은 신왕국에 들어와서야 나타나기 시작하였다. 신전마다 사제들에게는 다양한 직위와 종류가 있었다. 신전의 밖에서 평민들의 장례식을 돕는 일을 하는 사제들도 있었으며, 신전에서 기도문과 주술을 암송하고 연구하며 장례식을 주관하는 성직자들도 있었다. 가장 높은 직위의 성직자는 '신들의 첫 번째 종'이라 불리었는데, 이 관직은 종종 세습되는 경향이 있었다. 또한 신전들은 그들이 필요한 농부와 장인, 음악가, 성가대를 포함한 많은 외부인을 고용하였으며 신전의 수익으로 월급을 주었다.

사제들은 주로 남성이었는데 고왕국 때에는 많은 여성이 여신을 위한 신전에서 성직에 몸을 담았다. 그러나 중왕국에 들어서는 여성들의 공직업무가 현저히 줄어들었고, 후기에는 더 적은 수의 여성들이 신전에서 활동하였다. 다만 제3중간기에는 중요한 여성들이 아문 신을 비롯한 신들의 종교의식에 참여하였다. 성직에 몸을 담은 동안 사제들은 엄격한 청렴도를 준수하여야 했다. 그들은 머리와 몸을 모두 면도해야 했으며 늘 깨끗한 옷을 입고 하루에도 몇 번씩 씻어야 했다. 반드시 독신이어야 할 필요는 없었지만 육체관계는 정신적 순수함에서 멀어진다 하여 꺼렸다.

이집트 주요 유적지도(ⓒ『이집트』)

3. 이집트의 주요 신전들과 신들

　이집트는 한마디로 신전들의 땅이라 해도 과언이 아니다. 최남단인 아스완의 아부 심벨에서부터 최북단인 알렉산드리아까지 가는 곳곳마다 신전들이 자리 잡고 있다. 지금까지도 웅장한 자태를 뽐내고 있는 곳도 있고, 이제는 파괴된 파편들만 뒹굴고 있는 곳도 있다. 여기서는 많은 신전들 중에서 현재까지도 원형이 잘 보존되어 있는 신전들을 중심으로 남에서 북으로 거슬러 가면서 그 주요 특징들과 함께 그 신전의 주인공인 신들에 관해서도 살펴볼 것이다.

아부 심벨 신전(ⓒ임병필). 신전 입구에는 거대한 람세스 2세의 동상 4개가 조각되어 있다.

1) 아부 심벨 신전

누비아 지방의 아부 심벨에 있으며 제19왕조의 람세스 2세(B.C. 1301~1235 재위)가 천연의 사암층을 뚫어서 건립했다. 왕 자신을 위한 대신전과 왕비 네페르타리를 위한 소신전으로 되어 있다.

대신전은 정면 높이 32m, 너비 38m, 안쪽 길이 63m이며 입구에 높이 22m의 람세스 2세의 상 4개가 있다. 제1실에는 오시리스 신을 본떠 만든 8체의 람세스 2세 상과 6면의 넓은 전쟁화 그리고 명문(銘文)이 있다. 제2실과 제3실의 벽화는 종교의식에 관한 것이고 제4실에는 4개의 신상(프타, 아문, 람세스 2세, 라ー호라크티)이 있다. 신상은 항시

아부 심벨 신전(내부)(ⓒromanvirdi). 왼쪽부터 프타, 아문ー라, 람세스 2세, 라ー호라크티. 일 년에 두 번 신전 가장 안쪽에 있는 신상들까지 약 20분 동안 햇볕이 들어오는데 어둠의 신 프타까지는 빛이 도달하지 않는다.

어둠 속에 있으나 2월 20일경과 10월 20일경 두 번만은 아침 해가 신상의 전신을 비치게 되어 있다. 다만 죽음의 신 프타에게만은 빛이 비추어지지 않는다.

프타(Ptah)

프타는 이집트 종교에서 우주의 창조자, 만물의 제조자, 장인들, 특히 조각가들의 수호자로 여겨진다. 따라서 그의 대사제는 '장인들의 최고 지도자'로 불렸다. 그리스

프타(ⓒegiptologia). 늘 인간의 모습으로 묘사되었으며, 신과 인간 사이의 중재자로 불렸다.

인들은 프타를 신성한 대장장이 헤파이스토스와 동일시했다. 프타는 원래 이집트 제1왕조 때부터 수도인 멤피스의 지역 신이었다. 멤피스가 정치적으로 중요했기 때문에 프타 숭배는 이집트 전역으로 퍼져나갔다. 그는 배우자(세크메트), 아들(네페르툼)과 함께 '멤피스의 3총사'로 숭배되었다.

아문 - 라(Amun - Ra)

아문 - 라(또는 아몬 - 레)는 고대 이집트의 전국 신으로서 '왕들의 신, 신들의 왕'으로 여겨졌다. 아문(또는 아몬)은 '숨겨진 (자)'란 뜻이며 라(또는 레)는 '빛'이란 뜻이므로 아문 - 라는 '숨겨진 빛'이란 의미이다.

아문-라와 하트셉수트(ⓒmerelygifted, 좌)와 하트셉수트 오벨리스크(ⓒ임병필, 우). 아문과 태양신 라가 결합한 아문-라가 하트셉수트 여왕에게 왕관을 씌워주고 있다. 이것은 카르나크 신전의 성스런 호수 옆에 누워 있는 하트셉수트 여왕의 오벨리스크에 새겨져 있다.

우선 아문은 원래는 이집트 중부의 지방 신이었다. 아문 숭배는 테베(현재의 룩소르)까지 퍼졌으며, 멘투호테프 2세(B.C.2007~1956 재위)가 다스릴 때에는 파라오의 수호신이 되었다. 또한 그 무렵에는 헬리오폴리스의 태양신 라와 동일시되었으며, 아문-라가 되어 민족 신으로 받아들여졌다. 아문-라는 사람의 모습을 했으며, 때로는 숫양의 머리 또는 숫양의 모습으로 나타났다. 그는 아내 무트, 아들 콘수와 함께 테베 사람들이 숭배하던 세 신 가운데 하나였다.

아문의 형상은 불가시성(Invisibility)을 나타내기 위해서 파란색으로 칠해졌다. 이 속성 때문에 신왕국 때는 아문의 전지성과 공명정대함이 널리 신봉되었으며 가난하고 억눌린 사람들의 신으로 간주되었다. 또한 아문의 영향력은 이집트의 정치적 안녕과 밀접하게 연결되기도 했다. 힉소스 왕조(B.C.1630~1522) 때는 테베의 군주들이 아문 숭배를

카르나크 신전 입구 숫양 모습의 아문(ⓒ임병필). 아문은 '신들의 왕'으로 불리며, 그리스인들은 그를 제우스와 동일시했다. 그는 풍요의 신이며, 국왕의 강력한 수호자로서 모든 적을 정복할 수 있는 힘을 주는 참된 아버지로 간주되었다. 숫양의 모습으로 많이 나타난다.

지지했다. 그들이 힉소스 왕조를 전복하고 제국을 세운 이래로 아문의 지위는 높아졌으며 그 신전의 부는 증가했다. 제18왕조 후기에 파라오 아크나톤(Akhnaton, B.C.1350~1334 재위)[6]은 아문 숭배에 반대하는 종교개혁에 앞장섰지만 평민들이 아문과 그 외 다른 신들에 대해 갖고 있는 신앙을 바꾸어놓는 데 실패했으며, 투탕카멘 시대(B.C.1332~1292경)에 아문은 점차 제국의 신과 파라오의 수호신으로 복원되었다.

제19왕조(B.C.1252~1190) 때 아문의 제사장들 가운데 신학자들은 아문이 프타 및 라와 함께 삼위일체를 이루며, 프타와 라를 포함한 다른 모든 신들은 단일 신 아문 안에서 현시한다고 생각했다. 테베에서 아문의 제사장들이 신정정치를 펼치는 동안(B.C.1075~945) 아문은 세

---

6) 이집트 제18왕조의 제10대 왕이며 왕비는 네페르티티이다. 태양을 상징하는 유일신 아톤을 신봉하였다. 종교개혁을 단행하여 수도를 텔 알아마르나로 옮겼다.

아크나톤(ⓒenergyenhancement). 아크나톤과 왕비 네페르티티, 그리고 그의 아이들이 태양신 아톤의 축복을 받고 있다.

계 신으로 발전하여, 그 권세는 이집트의 경계를 넘어섰다.

리비아인의 왕조가 출현하고(제22왕조), 이집트가 아시리아의 침공을 받고(B.C.671~663), 테베가 약탈당했음에도(B.C.664/663) 이집트에서 아문 숭배가 차지하는 지위는 줄지 않았는데, 그것은 아문 숭배가 이집트 민족주의의 중심이 되었기 때문이다. 더 나아가 아문 숭배는 누비아의 쿠시인들 사이에서도 자리 잡게 되었다. 쿠시인이 이집트를 침공하여 제25왕조를 세울 때(B.C.715~671)[7] 아문을 숭배하는 이집트 사람들은 그들을 영웅으로 환영했다. 이때부터 테베에서는 이민족의 이집트 점령에 대한 저항이 드세게 일어났으며, 아문 숭배는 오아시스에까지 퍼졌다. 특히 이집트 서쪽 사막에 있는 시와 오아시스에서 아문은 주피터와 연결되었다. 알렉산드로스 대왕이 이집트를 점령하였을 때 이집트 사람들은 시와에서 신탁을 구하여 그를 파라오로 받아들였으며, 알렉산드로스도 룩소르에 있는 아문의 신전을 새로 단장해주었다. 그러나 프톨레마이오스 왕조(B.C.305~30) 초기의 왕들은 다른 신전들을 지원함으로써 이집트 민족주의를 억제했다. 이후 소테르 2세 때(B.C.88~85)는 반란 중인 테베를 약탈하여 아문 숭배에 큰 타격

---

7) 지금의 이집트 남부와 수단 북·중부를 망라하는 누비아는 처음엔 이집트의 한 지방이었으나 기원전 1070년 무렵 쿠시 왕국으로 독립했다. 이후 100년 넘게 이집트 파라오로서 두 나라를 모두 통치했으며, 이들을 '블랙 파라오'라고 부른다.

을 가했다. 또한 강력한 지진으로 테베에 있는 신전들이 크게 파괴되면서 그리스·로마 세계에서는 이시스와 오시리스 숭배가 점차 아문 숭배를 대체하기에 이르렀다.

다음으로, 라(Ra)는 고대 이집트의 종교에서 태양신이자 창조신으로서 만신전에서 가장 중요한 신에 속한다. 그는 매일 태양 배를 타고 하늘을 가로질러 여행하다가, 밤에는 다른 배를 타고 지하세계로 여행을 하며, 거기서 다시 태어나기 위해서는 악한 뱀 아페피(아포피스)를 물리쳐야 한다고 여겨졌다. 그는 태고의 언덕에 있는 혼돈의 바다에서 올라와 스스로를 창조한 뒤, 다른 여덟 신을 창조했다고 한다.

본래 여러 태양신 중 하나에 불과했지만, 라 숭배는 다른 태양신과 짐승의 머리를 한 여러 신의 숭배 의식에 점차 영향을 미쳐서 라―호라크티, 아몬―라, 세베크―라, 민[8]―라 같은 혼합주의적인 신이 나타났고 다른 신들의 특징도 거꾸로 라에게 영향을 미쳤다. 매의 머리 모양을 한 라의 모습은 매의 머리 모양을 한 하 이집트의 신 호루스의 모습에서 영향을 받은 것 같다. 라의 영향은 그의 예배 중심지인 헬리오폴리스의 적극적이고 강력한 사제들을 통해 확산되었다. 제5왕조(B.C.2494~2345경) 무렵에는 파라오의 공식적인 신이 되었으며, 모든 왕은 스스로를 라의 아들 또는 인간이 된 라 자신이라고까지 주장했다.

마아트(Ma'at)의 아버지인 그는 이집트에서 정의의 궁극적 원천이었다. 제12왕조(B.C.1991~1786)의 등장과 더불어 라는 지배자들과 밀접한 관계를 가진 신 아문―라처럼 테베의 아문과 결합되었다. 제18

---

8) 고대 이집트의 태고의 신으로 후에 풍요의 신이 되고 다시 아문 신과 근사 관계가 생겨 아문 신이 민 신 형태로 표현되는 일도 있었다. 보통 긴 두 장의 날개가 달린 관과 묶은 수염을 달고, 한 손을 들고 왕권의 상징인 막대기를 들었으며, 허리에는 긴 남근이 튀어나온 상으로 표현됨. 그리스인은 판 신과 동일시함(네이버지식백과).

태양신 라(ⓒmyth encyclopedia). 매의 머리에 태양의 원반을 머리에 두른 라
가 태양의 배를 타고 지하세계를 여행하는 모습이다.

왕조에서 미처 꽃 피우지 못한 태양신 아톤에 대한 혁명적 신앙은 라
숭배에서 비롯된 듯하다.

라 – 호라크티(Ra – Horakhty)

태양신 라(Ra)와 하늘의 신 호루스(Horus)의 결합체이다. '떠오르는
태양신'으로 여겨졌기 때문에, 태양 원반의 머리장식을 한 매의 머리를
가진 모습으로 묘사되었다.

다음으로 아부 심벨의 소신전은 대신전의 북쪽에 있는데, 정면 높이
12m, 너비 26m, 안쪽 길이 20m이며 입구에 높이 10m의 상 6개가 있는데,
4개는 왕을, 2개는 왕비를 나타낸다. 제1실에는 12개의 하토르 여신상

기둥이 있으며, 각 기둥에는 왕
과 왕비의 이야기가 새겨져 있
다. 벽면에는 왕이 포로를 희생
으로 신에게 바치며 왕비가 옆
에 시립해 있는 그림이 있고, 제
3실에는 공물봉헌의 그림이 있
으며 안쪽 중앙에는 소의 모습
을 한 하토르 신상이 있다.

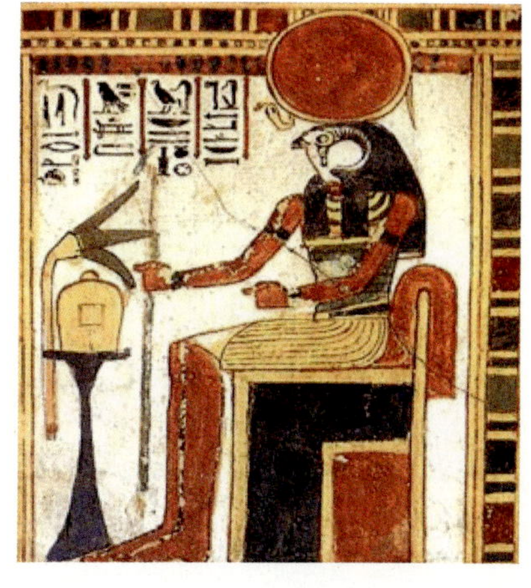

라-호라크티(ⓒworld poems). 태양 원
반과 매의 머리에서 태양신 라와 호루스
가 결합한 복합신이라는 것을 알 수 있다.

아부 심벨 신전은 아스완댐
건설에 따라 이 지점의 수위가
60m 높아져 수몰의 운명에 놓
이게 되었다. 그러나 유네스코의 헌신적인 노력과 현대공학의 혜택으
로 원형대로 영구히 보존하게 되었다.

네페르타리 신전 입구(ⓒ임병필)

아부 심벨 이전 작업(©unescoeducation). 3,000여 명의 전문가들이 2,000개의 조각들로 잘라내어 원래보다 200m 위로 복원했다. 복원 작업은 5년이 걸렸고 4천만 달러의 비용이 소요되었다.

2) 필레(Philae) 이시스 신전

필레는 나일 강 제1폭포와 옛 아스완 댐 바로 위에 있는 섬이다. 초기 이집트 시대부터 이 섬은 이시스 여신에게 바쳐졌는데, 알려진 최초의 건축물은 쿠시 왕조 제25대 파라오가 지은 것이다. 최초의 신전은 허물어진 채 발견되어 프톨레마이오스 왕조 건물로 재사용되었으며, 30대조 마지막 파라오가 지금의 주랑을 증축했다.

이시스 신전 복합 건조물은 프톨레마이오스 2세와 그의 후계자 프톨레마이오스 3세가 완성했다. 그러나 그 후의 프톨레마이오스 왕조, 로마 황제 아우구스투스와 티베리우스(B.C.27~A.D.37) 때 시작한 내부 장식들은 끝내 완성되지 못했다. 로마 황제 하드리아누스(A.D.117~138 재위)는 이 신전들의 서쪽에 간이 건조물을, 동쪽에 문을 증축했다. 이집트 신들에게 헌정된 또 다른 건축물로는 임호테프에게 바쳐진 신전

아스완댐에서 바라본 필레 신전(ⓒ임병필). 지금은 원래의 필레 섬보다 약간 더 높은 아길키아 섬으로 이전한 모습이다.

과 하토르에게 바쳐진 신전, 그리고 오시리스·호루스·네프티스에게 바쳐진 예배당 등이 있다.

신전은 로마 시대에 계속 번영했고, 테오도시우스 1세가 오시리스와 이시스를 예배하는 것을 금지하는 칙령을 내리기도 했으나 유스티니아누스 통치기(527~565)에는 문을 닫지 않았다. 이시스 여신을 섬기던 사제들은 상 이집트에서 막강한 권력을 얻었는데, 이는 그들이 금광과 대상로 종착지를 관리했기 때문인 것으로 추측된다. 여러 부족들이 계속해서 이시스를 섬겼기 때문에 누비아에서 이들이 미친 영향력은 이집트가 그리스도교 국가가 된 후에도 오랫동안 남아 있었다.

한편 이집트를 다스린 로마와 비잔틴 통치자들은 연례의식 때 여신의 형상을 빌려주는 방식을 통해 이집트 본토를 끊임없이 위협하고 괴롭힌 부족들을 관리했다. 유스티니아누스 재임 후기에 이시스 신전은 교회로 바뀌었고, 융성하던 도시 안에 다른 2개의 콥트 교회도 세워졌다. 이 모든 건조물은 옛 아스완 댐 뒤쪽이 부분적으로 침수되기

필레 섬의 이시스 신전 탑문(ⓒ임병필). 신전의 정문을 이시스, 호루스(오른쪽), 하토르(왼쪽) 세 신이 지키고 있다.

전에 탐사되고 증축되었다(1895~1996). 그 후 1907년 세밀한 검사 결과 장식물의 채색 부분이 염분에 의해 손상을 입은 것으로 밝혀졌다. 1970년 아스완 하이 댐의 완성과 함께 신전들이 물 위로 다시 드러났을 때는 제단들이 상당한 피해를 입은 것이 발견되어 근처의 더 높은 곳인 아길키아 섬으로 옮기기로 결정했다. 이 섬은 필레의 본모습과 같이 평평하게 다듬어졌으며, 신전들은 어느 정도 본래의 아름다움을 살려 1980년에 재건되었다.

이시스(Isis)

이시스는 고대 이집트의 가장 중요한 여신 중의 하나이며, '왕좌'를

이시스 신전의 외부 회랑 모습(ⓒ임병필). 아스완댐 건설로 인해 물에 잠겼던 부분이 검게 변한 모습을 육안으로도 확인할 수 있다.

뜻하는 고대 이집트의 상형문자를 그리스어로 바꾼 것이다. 왕좌는 성이 여성이기 때문에 그 화신은 여자, 즉 왕의 어머니였으며 사실상 왕의 창조주였다.

고대 이시스 숭배에 관해서는 거의 알려진 것이 없으며, 피라미드 원문에서도 이시스가 살해된 자기의 남편 오시리스 신을 애도했다는 언급을 제외하면 거의 찾아볼 수 없다. 이시스에 관한 전설은 이시스가 본래 독립된 신이었다는 것을 암시한다. 오시리스의 아내로서 이시스가 주역을 맡지만 그것은 어디까지나 오시리스가 죽은 후이다. 이시스는 오시리스의 시신 조각을 발견하여 그것들을 재결합했으며, 그의 장례식에서 상주 역할을 했고, 자신의 권능으로 그를 소생시켰다.

전설에 의하면 이시스는 아들 호루스가 장성하여 아버지의 원수를 갚을 때까지 오시리스를 살해한 세트에게 접근하지 못하게 했다. 그러나 이시스는 세트의 누이이기도 했기 때문에 호루스와 세트의 최후

전투 때 마음이 흔들렸다. 어떤 전설에 의하면 이시스는 세트를 동정하다가 전투 도중에 호루스에게 참수당했다고 한다. 그러나 신학과 민간신앙에서는 이시스와 호루스를 완전한 모자관계로 선언했다. 이시스가 아들을 보호한 것은 보호여신의 성격을 잘 나타낸 것이지만 이시스의 주요 특징은 그녀의 능력이 다른 모든 신들의 능력을 능가하는 위대한 마법사의 모습이었다. 사람들은 병자를 위해 기도할 때 이시스의 이름으로 기도했다. 왜냐하면 죽음의 신 아누비스조차도 이시스에게는 굴복했기 때문이며, 다른 몇몇 여신들과 함께 이시스는 특별히 죽은 자를 보호하는 신이었다. 으뜸가는 어머니 여신인 이시스는 유사한 기능을 가진 다른 여러 여신과 관계를 가지면서 점점 다양한 속성을 지니게 되었다. 호루스와 '호루스의 집'이라는 뜻을 가진 여신 하토르의 밀접한 관계(부부) 때문에 하토르와 이시스는 여러 가지 점에서 유사해졌다. 신을 별과 관련지을 때 이시스는 천랑성(시리우스)과 동일시되었다.

이시스는 왕좌 위에 혼자서 아이 호루스를 데리고 앉아 있든가, 아니면 관 앞에 무릎을 꿇고 있든가 하면서 머리에 왕위를 상징하는 상형문자를 달고 있는 여자의 모습으로 표현되었다. 이시스 숭배의식은 이 여신이 추수보다는 인간사와 관계가 있음을 보여

이시스와 호루스(ⓒ임병필). 신전 탑문에 이시스와 아들 호루스가 함께 새겨져 있다.

주는 것 같다. 즉 이시스는 애도자로서 죽은 자와 관계된 모든 의식에서 주신 역할을 했고, 마법사로서 병자들을 치유하고 죽은 자들을 소생시켰으며, 어머니로서 생명의 원천이었다.

이시스 숭배는 아마도 하 이집트에서 시작되어 이집트 전역으로 퍼져나간 듯하다. 이집트 전역에 이시스를 숭배하는 중요한 신전들이 있었으며, 후에는 누비아까지 이시스 숭배가 퍼져나갔다. 알렉산드리아에는 이 신에게 봉헌된 신전이 여러 개 있었는데, 이시스는 알렉산드리아에서 '항해자들의 수호여신'이 되었다. 이시스 숭배는 알렉산드리아로부터 그리스와 로마를 포함한 지중해 전 해안 지대로 퍼져나갔다. 헬레니즘 시대에 이시스와 오시리스의 신비의식이 발전했는데, 그 핵심은 유명한 그리스의 엘레우시스 신비의식과 유사하다.

3) 콤 옴보 신전[9]

콤 옴보는 아스완 북쪽으로 약 50km 떨어져 있는데, 콤 옴보란 이름은 그리스인들이 불렀던 옴보스란 이름을 아랍식으로 발음한 것이라고 한다.

이곳에는 악어 신 세베크와 매의 머리를 한 (연상의) 호루스 두 신을 위해 봉헌된 신전이 있는데, 이집트 역사상 한 장소에 두 신을 위한 신전이 만들어진 것으로는 유일하다. 두 신전은 구조나 크기 면에서 쌍둥이처럼 비슷하게 건설되었는데, 동쪽에 있는 악어 신 예배소에는 미라로 만든 악어가 원형대로 보존되어 있다.

---

9) 정규영, 2006, pp.97 - 98.

콤 옴보 신전(ⓒroutard). 쌍둥이 신전으로 왼쪽(서쪽)은 호루스를, 오른쪽(동쪽)은 악어 신 세베크를 위한 공간이다.

악어 신 세베크(ⓒaaschicago). 파이윰에서는 악어가 살아 있을 때도 최대한 정성을 기울여 돌보지만 죽은 후에도 방부처리해서 묘지에 묻었다. 하지만 아스완에서는 악어를 잡아먹기도 했는데, 이는 숭배하는 신이 지역마다 틀렸기 때문이다.

세베크(Sebek)

고대 이집트 종교의 악어 신이다. 주요 신전은 파이윰 지방에 있는데, 이 신전에는 신성한 악어 페추코스(Petsuchos)가 살고 있으며, 이 악어 안에 신이 화육한다고 믿었다. 처음에는 다산신이었거나 죽음 및 장례와 관련된 신이었을 것이다. 훗날 제13대 왕조 동안 왕명이 '세베크가 만족하다'라는 뜻의 세베크호텝(Sebekhotep)이었다는 점을 고려해 볼 때 파충류의 보호자이자 왕들의 수호신이 되었다. 주요 신으로 숭배를 받던 이 시기에는 심지어 태양-조물주 신인 라와도 연관되어 악어 형태를 지닌 태양신(Sebek-Ra)이 되기도 했다. 파이윰, 콤 옴보, 그 외 지역에서는 프톨레마이오스 왕조 시대와 로마 시대까지도 세베크 숭배가 지속되었다.

4) 이드푸(Idfu) 호루스 신전

거의 모든 신전들이 나일 강 동안에 있는 반면에 이드푸 신전은 나일 강 서안에 있다. 사실 고대 이집트인들은 동쪽은 산 사람들의 땅으로, 서쪽은 죽은 이들의 땅으로 생각해 피라미드와 같은 무덤은 나일 강 서쪽에 지었고 신전은 동쪽에 건설했다.

고대에 이 도시의 주신은 '날개 달린 원반의 호루스(Horus of the

이드푸 신전(ⓒ이집트정부관광청). 호루스 신에게 봉헌된 이드푸 신전은 이집트에서 가장 보존 상태가 좋은 그리스·로마 구조물이다. 탑문의 높이는 36m이다.

Winged Disk)'였다. 호루스의 부인은 단다라의 하토르 여신으로, 신왕국 시대에는 해마다 공식방문 의식으로 이 여신상을 배에 실어 이드푸로 실어오곤 했다.

고대 이드푸의 주요기념물은 사암으로 만든 길이 138m, 너비 76m의 거대한 호루스 신전으로, 제18왕조(B.C.1567~1320)의 사원이 있던 자리에 건립된 것이다. 지금의 건물은 프톨레마이오스 3세가 짓기 시작하여 프톨레마이오스 11세가 완성했다.

양각의 글과 장면들로 장식된 벽은 종교적 형상을 한 민족주의와 사원 예배의식의 독특한 모음집과도 같으며, 하나의 축을 중심으로 한 단순한 설계는 이집트 사원의 고전적 전례이기도 하다. 고대 도시에 흩어져 있는 많은 무덤과 공동묘지에서 글씨가 새겨진 그릇 조각(Ostraka)들과 파피루스에 쓴 문서들을 발굴했으며, 도시의 서쪽과 북쪽에 있는 네크로폴리스에서는 고왕국 관료들의 석실분묘들과 중왕국의 많은 무덤이 발견되었다.

호루스(Horus)

호루스는 고대 이집트 종교에서 매 형태의 신으로서, 그의 눈은 태양과 달이다. 그는 원래 하 이집트의 신이었다. 그러나 네켄[10]에서 왕이 호루스의 화신이라는 개념이 생겨났으며 이집트가 네켄 출신 왕들에 의해 통일된 후 이 개념은 교리로 받아들여졌다. 이집트 왕의 5개 별칭 중 첫 번째가 호루스였고, 그 별칭으로 인해 왕과 호루스는 동일시되었다.

---

10) 현재는 콤 알아흐마르이며 이드푸에서 북쪽으로 약 20km 떨어져 있다. 고대에는 히에라콘폴리스 또는 네켄으로 불렸으며, 이 지역의 주신은 호루스 신이다.

이드푸 신전 호루스 상(ⓒ이집트정부관광청). 호루스를 상징하는 매가 상·하 이집트를 상징하는 이중 왕관을 쓰고 있다.

이집트 신화에 따르면, 호루스와 세트 신은 각각 하 이집트와 상 이집트를 대표하며 평화롭게 살았다. B.C.2400년경 오시리스 숭배가 이집트 전역에 퍼졌을 때 호루스는 오시리스의 아들로서 신화 속으로 들어왔다. 자격을 갖추게 되자 호루스는 세트의 적대자가 되었다. 세트는 오시리스를 살해했고 호루스의 유산인 이집트 왕좌를 놓고 호루스와 경쟁했다. 신화에 의하면 호루스는 세트를 패배시켜 아버지의 원수를 갚고 통치권을 장악했다. 싸움에서 호루스의 왼쪽 눈(즉 달)이 상처를 입었는데 지혜의 신 토트에게 치료를 받았다. 회복된 눈의 모양은 강력한 부적이 되었다.

후대에 호루스는 많은 곳에서 지역 신으로 나타났고, 다양한 이름과 별명을 취했다. 예를 들어 '지평선 위에 있는 호루스, 어린아이 호루스,

호루스의 왼쪽 눈, 우자트(ⓒwikipe-dia). 하늘의 신 호루스의 두 눈은 태양(오른쪽 눈, 흰색)과 달(왼쪽 눈, 검은색)이라고 여겨진다. 이 호루스의 왼쪽 눈 우자트는 건강과 안전의 부적으로 사용되었다.

이시스의 아들 호루스, 수평선의 호루스' 등이며, 콤 옴보에서는 '연상의 호루스'라고 불렸다. 후에 호루스는 그리스 사람들에 의해 아폴로와 동일시되었고, 이드푸는 그리스·로마 시대에 '아폴로의 도시'라고 불렸다. 프톨레마이오스 왕조 시대에 주요 호루스 신전들은 이집트 민족주의의 중심지가 되었고, 세트를 항복시킨 것은 점령자에 대한 이집트인의 승리의 상징이 되었다. 이드푸에서는 반란이 빈번히 일어나 신전에서의 일을 방해했지만, 호루스가 하마 모습의 세트를 창으로 찌르는 파라오로 묘사된 제의적 연극이 주기적으로 상연되었다.

5) 이스나(Esna) 신전[11]

　이스나 신전은 크눔 신을 위해 봉헌되었다. 현재 신전은 많이 훼손되어 기둥이 늘어섰던 다주식 홀을 제외하면 별로 볼만한 것이 없으나, 다양하고 복합적인 기둥머리 양식은 볼만한 가치가 있다. 다주실 홀에는 24개의 기둥들이 있는데 그리스·로마 시대의 축제 장면을 담

---

11) 정규영, 2004, pp.95 – 97.

이스나 신전(©tourism—egyptnow). 이스나 신전 정면은 전형적인 그리스・로마 시대 신전 구조를 보여준다.

은 상형문자가 새겨져 있다.

다주실 홀 내벽에는 왕과 신들의 활동 장면을 그린 200개 이상의 부조가 있는데, 특히 잘 알려진 그림은 습지대에서 새를 잡는 왕의 모습이다.

크눔(Khnoum)

크눔은 폭포 지대의 신으로서 굽은 뿔이 난 숫양의 머리를 한 남성으로 표현되고 있다. 크눔은 다산과 창조의 신으로서, 그 초기에는 숫양 또는 숫염소의 모습을 하고 있었다. 크눔은 같은 부류의 다른 신들과 마찬가지로 하늘에서 내려와 땅을 기름지게 하고 지상을 낙원으로 만드는 나일 강을 상징한다고 한다. 그의 주된 성소는 폭포 지대 근처

크눔 신(ⓒcrystalinks). 나일 강의 발
원인 엘레판티네 섬의 수호신으로 여겨
지며, 긴 뿔을 가진 숫양의 모습으로
나타난다.

인 '상아의 섬'에 있었다. 그는 신전에서 두 아내와 함께 제물을 받았었다. 그리고 그 신전에서 그는 나일 강의 원천을 지키고 있었는데, 사제들이 작성한 서류에 의하면 제3왕조의 왕 조세르가 7년 동안의 가뭄을 겪은 후 풍년을 맞은 것을 신에게 감사하는 뜻으로 열두 군데의 토지를 크눔과 그 성소의 소유로 인정했다는 것이다.

크눔이란 '점토 동상 제작자'를 뜻하는데, 그는 이 세상의 원형을 녹로 위에서 빚어냈다고 한다. 또 그는 '인간을 만든 도공, 신들의 형상을 만든 자'라 자칭했다. 모든 살을 반죽한 자, 신들과 인간을 낳은 자야말로 크눔이라는 이야기도 전해지고 있다. 그는 어머니의 품에 안겨 있는 어린이들의 발육과 관련이 있는 신으로 숭배받았다. 그의 신전에는 미래의 국왕을 조각대 위에서 빚고 있는 모습이 새겨져 있다.

예로부터 크눔의 명성은 이집트의 변경을 넘어 누비아에까지 떨쳤었다. 누비아에는 양의 머리를 한 두둔이라는 신이 있었으므로 크눔과 두둔의 일체화가 쉽게 이루어졌고, 엘리판티네의 우두머리로서 많은 숭배자를 갖게 되었다

6) 카르나크 신전(Karnak or al-Karnak)

아문 대신전 유적을 포함하여 나일 강 동안에 있는 테베의 유적 가운데 북쪽 절반이 카르나크라는 이름으로 불린다. 이 유적지의 역사는 나일 강 동안의 넓은 범람원에 작은 부락이 발생한 시기인 B.C.3200년경까지 거슬러 올라간다. 카르나크의 유적은 상당한 면적을 차지하고 있으며, 옛날에 사원 구역을 둘러싸고 있었을 가옥·궁전·정원이 하나도 남지 않은 오늘날에도 그 모습은 여전히 장엄하다.

가장 북쪽에 있는 신전은 전쟁의 신인 몬트(Mont)의 신전인데, 현재 골조 외에는 남아 있는 것이 거의 없다. 남쪽의 신전은 편자 모양의 신성시되던 호수가 있는 사원으로 아문의 아내이자 여신인 무트(Mut)에게 바쳐졌다. 주로 아멘호테프 3세에 의해 건축되었으며 이 사원 역시 많이 파괴되었다. 이 2개의 신전 구역 사이에 이집트의 신전 가운데 가장 크고 세계에서도 최대급에 속하는 국가 신 아문-라의 웅장한 신전이 있었다.

카르나크 신전은 실상 하나의 신전이 아니라 신전들의 복합체이며 거대한 석조 역사문서로 불려왔다. 그 안에 이집트 제국의 흥망성쇠가 반영되어 있는 것이다. 다만 여러 차례 증축되고 변경되어 결과적으로 일관성 있는 설계가 결여되어 있다. 신전에는 탑문이 10개나 있는데, 안뜰과 홀들을 사이에 두고 서로 떨어져 있으며, 현재는 편의상 가장 늦게 건축된 것을 1번으로 하여 서쪽으로부터 동쪽으로 번호를 매겨 부르고 있다. 7번 탑문과 8번 탑문은 투트모세 3세와 하트셉수트 여왕에 의해 건립되었다. 호렘헤브의 재위 시에 건립된 9번과 10번 탑

몬트 신전(ⓒ임병필). 이 신전은 좌우로 늘어선 양머리 스핑크스 통로를 통해 주신전인 아문 신전과 연결된다.

문은 본축에 대해 직각으로 일련의 행렬용 통로를 이루며 이 신전을 남쪽의 무트 신전과 연결했으며 거기서 더 나아가 줄지어 늘어선 스핑크스들을 경유해 3km 떨어진 룩소르 신전까지 연결했다.

이 신전의 역사를 간략히 소개하자면, 중왕국 시대에 건립되었던 최초의 신전은 현재 3번 탑문 안에서 발견된 파편들로 재건된 세소스

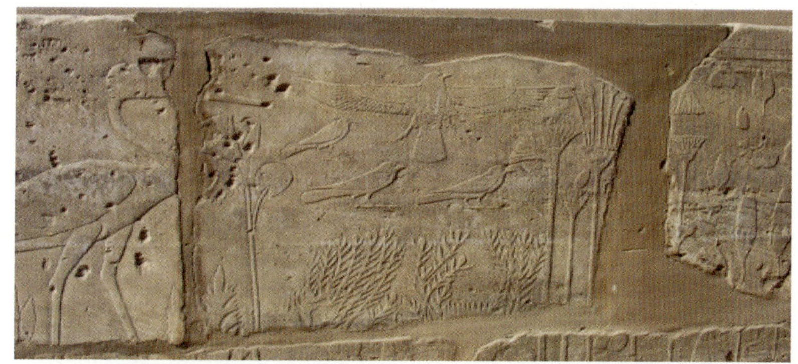

투트모세 3세의 정원 부조(ⓒ임병필). 이 정원의 벽에는 투트모세 3세가 아시아 원정에서 가지고 왔던 많은 동식물들이 새겨져 있다.

트리스 1세의 작은 축제 사당 외에는 아무런 흔적을 남기지 않았다. 그 후 제18왕조 초기에 투트모세 1세는 그 12왕조의 신전을 담으로 둘러싸고 그 앞에 5번과 4번의 두 탑문을 세웠으며, 두 탑문 사이에 금박을 입힌 삼목재의 주랑을 만들었다. 하트셉수트는 지붕을 뚫어 2개의 높은 방첨탑을 세웠는데, 그중 하나는 지금도 남아 있다.

투트모세 3세의 재위 기간에 신전은 더욱 확장되었다. 그는 기존의 건축물을 증축하고 하나의 탑문과 홀을 포함해 기둥을 세운 안뜰을 만들어 그의 출정 연대기를 새겨 넣었을 뿐만 아니라 중왕국 신전이 있던 구역의 동쪽에 축제용의 장막 모양으로 된 가건축 신전도 건립했다. 이 신전 뒤쪽에 있는 방들 가운데 한 방의 벽에는 그가 재위 25년째에 아시아에서 가지고 온 진기한 동식물들로 된 일종의 그림 목록이 새겨져 있다.

카르나크 신전의 가장 두드러진 특징은 3번 탑문과 2번 탑문 사이의 공간을 차지하고 있는 다주식 홀, 즉 람세스 1세가 건축한 주랑이다. 고대의 경이적인 유적 가운데 하나인 이 광대한 홀은 면적이 약

카르나크 신전의 대열주실(ⓒ임병필). 이 홀은 파리의 노트르담 사원을 거뜬히 포함할 수 있다. 이 홀의 중앙 통로를 기준으로 거대한 기둥들이 기둥 숲을 이루고 있다. 특히 중앙에 있는 12개의 기둥들은 높이가 24m, 기둥 하나의 둘레가 15m에 달한다.

람세스 2세의 카데시 전투 장면 부조(ⓒbibleplaces). 람세스 2세는 기원전 1286년 시리아의 카데시 지방에서 히타이트족과 전투를 벌였다. 이 전투에서 적들에게 포위되었지만 혼자서 약 2,500명을 죽이고 살아나왔다고 한다.

콘수 신전(ⓒ임병필). 아문과 무트의 아들이며 달의 신 콘수 신전은 파괴되어 골조들만 사방에 흩어져 있다.

4,850㎡에 달한다. 이 홀은 세티 1세와 람세스 2세에 의해 높이 24m의 거대한 원주 12개가 본당 회중석의 지붕 석판들을 나머지 부분보다 높이 솟구쳐 올려 그곳을 통해 빛과 공기가 들어올 수 있도록 설계되었다. 양쪽으로 측랑이 7개씩 있어 기둥의 수는 140개에 달했다. 바깥쪽 벽의 역사적인 사건을 새긴 부조들은 팔레스타인에서 세티 1세가 승전하는 장면과 람세스 2세가 카데시 전투에서 히타이트족을 격파하는 장면을 보여준다. 람세스 3세는 람세스의 탑문 밖에 이 탑문과 직각이 되도록 아문에게 바치는 작은 신전을 지어, 세티 2세가 건립한 3부분으로 된 사당과 마주보게 했다. 제22왕조의 왕들은 그 신전 앞에 넓은 뜰을 만들어 이 2개의 작은 신전을 하나로 통합했다.

아문 대신전 경내에는 주목할 만한 작은 사당과 신전들이 많이 들어서 있다. 경내의 북쪽에 있는 프타 신전은 하트셉수트와 투트모세 3세에

몬트 신(ⓒ임병필). 전쟁의 신으로 매의 모습을 하고 있다.

의해 건립되었으며 프톨레마이오스에 의해 증축되었다. 프톨레마이오스는 아문 대신전을 장식하기 위해 화강암으로 사당과 통로를 증축하기도 했다. 남쪽에는 람세스 3세가 달의 신 콘수에게 바친 신전이 있다.

몬트(Mont)

고대 이집트 테베의 수호신이자 영웅과 전쟁의 신으로서, 몬트 외에도 많은 이름으로 불렸다(Monthu, Menthu, Montju, Ment, Month, Montu, Monto, Mentu, Minu'thi). 그러나 이집트 신왕국 시대에 들어서서 아문 신에게 테베의 수호신이라는 종교적 지위를 빼앗겼다.

무트(Mut)

무트는 하늘의 여신이자 대모신(代母神)이다. 원래는 테베의 독수리 여신이었으나, 제18왕조 때 아문 신과 혼인해 양자 콘수와 함께 테베의 3신 가운데 하나가 되었다. 신왕국 시대에 아문과 무트의 혼인은 매년 테베에서 열린 중요한 의식 중 하나가 되었다. 하늘의 여신으로 활동하면서 아문이 태고의 바다에서 하늘에 있는 본래의 거처로 솟아

오를 때 그의 뒤에 서 있는 암소로 자주 등장했다. 무트는 대개 독수
리나 암사자 머리를 하고 그 위에 상 이집트와 하 이집트의 2중 왕관
을 쓴 여인의 모습으로 표현되었다.

무트 여신(가운데)(ⓒatlantisonline). 이집트의 하늘의 여신이자 아문－라의 아
내로서, 독수리로 묘사되거나 독수리 모양의 헤어스타일을 한 것으로 묘사된다.

콘수(Khonsu)

고대 이집트의 신으로 아문, 무트와 더불어 테베 3신 중의 하나이
며 달의 신이다. 본래는 기원을 알 수 없는 테베의 지방 신이었다고
생각되지만 제12왕조가 일어나고부터 지혜의 신 토트의 속성을 빼앗
아 시간·지식·기술의 신이 되었다. 이 신은 또 아문과 무트의 아들
이라고도 하였기 때문에 언제나 어린아이의 상으로 표현된다. 람세스
3세가 카르나크에 건립한 콘수 신전은 지금도 유명하다.

달의 신, 콘수
(©ancientegyptonline)

지혜의 신, 토트
(©looking4thetruth77)

7) 룩소르 신전

룩소르 신전은 현재는 룩소르라 불리는 고대 도시 테베에 있는 신전 단지로, 아문 신에게 바치는 보다 작은 규모의 중왕국 시대 구조물이 있던 자리 위에 세워졌다. 이 신전은 테베의 삼위신(아문, 무트, 콘수)에게 헌정되었다. 오늘날까지 남아 있는 신전의 초기 부분들은 기원전 1408년으로 거슬러 올라가며, 신왕국 제18왕조의 아멘호테프 3세의 치세 때 지어진 것이다. 신전으로 통하는 길은 '스핑크스의 길'이며, 룩소르 신전에서 시작하여 북부의 카르나크 신전까지 3km가량 뻗어 있다.

스핑크스의 길(ⓒ임병필). 카르나크 신전에서 룩소르 신전까지 약 3km의 거리를 사람의 머리와 사자의 몸통을 한 스핑크스 370여 개가 늘어서 있다. 이 길을 따라 나일 강의 범람을 축하하는 오페트 축제가 거행되었다.

룩소르 신전 입구(ⓒ임병필). 신전 입구에는 람세스 2세의 거상 2개와 탑문을 지키는 오벨리스크 2개가 있었다. 하지만 그중 한 개는 현재 프랑스 파리의 콩코르드 광장에 세워져 있으며, 그 대가로 이집트는 카이로의 무함마드 알리 모스크에 있는 시계탑을 받았다.

높이가 24m에 달하는 오벨리스크는 기원전 1300년 람세스 2세가 세운 것으로, 신전 입구 '스핑크스의 길'이 끝나는 곳에 서 있다. 원래는 두 개였으나, 하나는 1829년 프랑스의 왕 루이−필립에게 주어져 지금은 파리의 콩코르드 광장에 서 있다. 그 입구는 역시 람세스 2세가 건축한 열주식 안뜰로 이어진다. 안뜰과 오벨리스크는 신전의 나머지 부분과는 비스듬한 각도에 위치한다. 안뜰은 다시 아멘호테프 3세가 지은 100m에 달하는 파피루스로 기둥머리를 올린 열네 개의 열주가 늘어서 있는 주랑으로 이어진다. 두 번째 열주식 안뜰은 이 주랑 건너편에 있다. 신전 내부는 32개의 기둥이 서 있는 정원을 통해 들어

갈 수 있다. 이 내부 성소는 이집트의 조각과 로마의 스투코(치장 벽토)로 장식한 전실을 포함하고 있는데, 이는 로마인들 역시 이곳을 제의를 올리는 데 사용했음을 알 수 있다. 이 신전은 아문 신에게 바치는 성소인 동시에 아멘호테프 3세가 태어난 분만실이기도 하여, 파라오의 탄생을 묘사한 부조가 걸려 있다.

8) 하트셉수트 신전

이곳은 약 100m나 깎아지른 단애 밑에 조성되었는데 남쪽이 멘투호테프 신전, 북쪽이 하트셉수트 신전이다. 멘투호테프 신전은 중왕국 시대의 제11왕조 때 멘투호테프 2세와 3세가 자신들의 장제전으로 지었다. 현실은 지하에 구축되었고 암굴식으로 된 중앙의 예배전이 가장 큰데, 2층의 주랑으로 둘러싸인 기단 위에 작은 피라미드를 쌓아올린 양식으로서 매우 특색이 있다.

북쪽 신전은 신왕국시대의 제18왕조 때 하트셉수트(재위 B.C.1501~1480) 여왕이 지은 장제전과 투트모세 3세가 세운 신전으로 이루어져 있다. 그러나 여왕의 능묘는 별도로 축조되었기 때문에 오로지 예배전의 성격을 띠고 있다. 이 신전들은 자연적 경관을 미적·기능적으로 살려 조영한 것으로, 이집트의 고대건축 중에서도 가장 장려하여 비약적으로 발전한 당시의 국력을 잘 반영하고 있다.

하트셉수트[12] 여왕은 여자이지만 파라오가 누리는 칭호와 표상들

---

12) "하트셉수트", 한국 브리태니커 온라인
　〈http://preview.britannica.co.kr/bol/topic.asp?article_id=b24h2415a〉

하트셉수트 신전(ⓒ임병필)

을 모두 가졌으며 대략 21년간 이집트를 효과적으로 다스렸다. 투트모세 1세 왕과 왕비 아모세 사이에 태어난 하트셉수트는 이복 오빠인 투트모세 2세와 혼인했다. 왕가의 규정에 따라 왕위를 계승하게 되어 있었던 2명의 친오빠가 젊은 나이에 죽었기 때문에 아버지가 죽자 하트셉수트는 남편과 함께 왕위에 올랐다. 기력이 부족했던 투트모세 2세는 기껏해야 8년 정도를 통치했던 것으로 보이며, 그 뒤 하트셉수트는 후궁의 몸에서 태어난 아들 투트모세 3세의 섭정이 되었다. 그녀는 어린 투트모세 3세가 아문 신의 제사장으로 있는 동안 정부를 효과적으로 통제했다. 얼마 동안은 어린 왕의 섭정으로서 자신의 위치를 국한했으나 이후 스스로 파라오의 자리에 올라 호루스라는 칭호와 함께 역시 전통적으로 왕만이 붙일 수 있던 인공으로 만든 턱수염을 포함

해 파라오가 가지는 모든 표상들
을 사용했다.

하트셉수트가 통치에 성공을
거두게 된 본질적인 요인은 그
녀에게 충성을 바치는 영향력
있는 일단의 관리들이 정부 내
의 모든 요직을 통제한 데 있었
다. 여왕이 된 하트셉수트는 행
정 쇄신과 상업적 팽창을 강조
하며 바다를 통해 홍해의 최남
단에 있는 아프리카의 해안 지
방인 푼트에 대규모의 원정대를
보냈다. 황금과 흑단을 비롯해

하트셉수트 여왕의 동상(ⓒ『이집트』).
하트셉수트는 평소에도 남장을 했고 가짜
수염을 붙이고 생활했다고 하며, 신전의
동상들도 남자의 모습으로 만들어졌다.

동물 가죽과 비비, 그리고 가공 처리한 몰약과 살아 있는 미르라 나무
들이 이집트로 들어왔다. 이 미르라 나무는 하트셉수트의 신전 앞마당
을 장식하기 위해 들여왔다. 또한 아시아·누비아·리비아에서도 막
대한 양의 조공을 보냈다. 무역과 조공을 통해 얻은 수많은 물품들 가
운데 일부는 이집트의 최고신인 아문−라에게 바쳤으며, 이 신의 영광
을 기리기 위해 하트셉수트는 대대적인 건설 사업을 벌였다. 그녀는
또한 이집트 초기의 아시아계 통치자들인 힉소스인들이 이집트를 지
배할 때 입은 피해를 자신이 복구했다고 주장했다. 카르나크 신전에서
는 자신의 아버지를 기리기 위해 그곳에 만든 방을 새로 수리하는 한
편 높이가 거의 30m에 이르는 4개의 거대한 오벨리스크를 세웠으며
훌륭한 기도실도 만들었다.

중부 이집트의 바니 하산에 석조 신전을 짓기도 했으며, 무엇보다 그녀가 이룩한 가장 최고의 업적은 다이르 알바리에 웅대하고 화려한 신전을 건설한 일이다. 하트셉수트와 그녀의 아버지를 기리기 위한 기념물인 이 신전에는 그녀의 통치기간 중 일어났던 주요사건들이 기록된 양각 부조물이 새겨져 있다. 이와 함께 파라오의 특권을 엄격하게 적용하는 또 다른 지역인 '왕들의 무덤 계곡'에 자신이 묻힐 거대한 무덤을 팠다. 무덤의 매장실은 장례식 때 사용할 신전 뒤에 위치하게 할 생각이었으며 아버지의 미라를 자신의 무덤으로 옮길 계획까지 세웠다. 이처럼 투트모세 1세에 대해 배려를 한 것은 그가 자신의 진짜 아버지이며 자신이 아문－라 신의 매개를 통해 그로부터 직접 정당하게 왕위를 이어받았다는 점을 주장하려는 데 그 목적이 있었다.

그러나 하트셉수트의 야심은 정력적인 활동으로 군대의 우두머리가 된 투트모세 3세의 야심과 부딪쳤다. 하트셉수트를 비롯해 그녀의 충성스런 관리들이 나이를 먹어가면서 투트모세 일파는 점점 더 강력한 세력을 형성했다. 투트모세 3세와 혼인한 자신의 딸이 이른 나이에 죽고, 투트모세가 아시아에서 일어난 반란을 진압함으로서 하트셉수트의 몰락을 재촉했다. 그녀가 자연사를 했는지, 퇴위당해 피살되었는지는 확실하지 않다.

카르나크 신전에 있는 하트셉수트 여왕의 오벨리스크(ⓒ임병필). 카르나크 신전
에 서 있는 하트셉수트 오벨리스크는 높이가 30m로서 현존하는 최대의 것이다.
나머지 한 개는 성스런 호수 옆에 허리가 잘려진 채 누워 있다.

하토르(Hathor)

하트셉수트 신전의 하토르 여신 기둥들
(ⓒ임병필)

창공의 여신으로서, 제5왕조 (B.C.2465~2325경)에 속한 여섯 왕들이 멤피스 근처에 세운 신전들에서 이 여신 숭배는 중요한 태양신인 헬리오폴리스의 라와 연관되었다. 그러나 이 여신 숭배의 옛 중심지인 상 이집트 단다라에서는 이 여신이 호루스의 아내였으며, 축제·춤·사랑의 여신으로 존경받았다. 단다라에서부터 이 여신숭배가 다른 곳으로 퍼져나갔으며, 결국 룩소르에 있는 하트셉수트 신전이 있는 다이르 알바리에서처럼 수많은 지역 여신과 동화되었다. 그러나 이곳은 테베의 대규모 공동묘지와 가까웠기 때문에 이 여신은 이전의 성격과는 정반대로 '서부의 여신'과 죽은 자들이 기거하는 지역을 지켜주는 수호성인이 되었다. 그리스 사람들은 하토르를 자기들의 여신 아프로디테와 동일시했다.

9) 단다라(Dandarah) 신전

단다라는 상 이집트 지방의 나일 강 서안에 있는 농업도시이다. 고대도시인 '신성한 기둥에서 나온 여자'라는 뜻을 가진 '텐티라'가 있던 자리에 세워진 단다라는 파라오 시대 상 이집트 지방에 있던 여섯 번째 주의 주도로서, 하늘과 번식의 여신인 하토르에게 바쳐진 도시였다. 하토르 신전은 이집트에서 가장 잘 보존되어 있는 신전 가운데 하나이다.

신전은 안뜰 없이 직접 열주식 홀로 연결된 특이한 구조를 보이며, 신전 안에는 하토르 여신의 머리 모양을 새긴 18개의 둥근 기둥이 정교하게 장식된 거대한 홀을 떠받치고 있어서 마치 숲 속에 들어와 있는 것 같은 느낌을 준다. 하토르 신전의 기둥들은 대개가 여신의 두상을 기둥머리로 가지고 있다. 여신의 모습을 살펴보면 황소의 귀를 가진 여자의 얼굴로 묘사되어 있음을 알 수 있다. 또한 여신의 머리 위에는 사각형 모양의 시스트럼이라는 악기가 올려져 있다. 이 악기는 흔들거나 비벼서 소리를 내는 악기의 일종인데, 여신 하토르가 있는

단다라 신전(ⓒrts). 신전을 떠받치고 있는 6개의 하토르 여신 기둥들을 보면 이 신전이 하토르 여신에게 봉헌된 것임을 쉽게 알 수 있다.

곳에는 빠짐없이 등장한다. 기둥은 이 악기의 손잡이처럼 생겼으므로 신전은 전체적으로 거대한 시스트럼들에 의해 받쳐지고 있는 것처럼 보인다.

천장에는 천체의 현상들이 조각되어 있고, 벽에는 이 신전을 방문한 왕의 거동이 자세히 새겨져 있다. 홀 바깥쪽에는 6개의 둥근 기둥이 있는 작은 홀이 6개의 창고로 둘러싸여 있으며, 이 홀은 다시 2개의 대기실로 이어져 있는데, 2번째 대기실을 지나면 여신상이 담긴 신성한 배를 모셔놓은 성소가 나온다. 신전의 지붕 위에는 오시리스 신에게 바쳐진 여러 개의 예배당이 있는데, 한 예배당에서 12궁도가 새겨진 돌과 해시계가 발견되었다. 이 유물은 현재 파리에 소장되어 있다.

신전 뒤에는 작은 이시스 신전이 있으며, 북쪽에는 신성한 연못이 있다. 이곳에서는 멘투호테프 2세의 문도 발견되었는데, 이 유물은 카이로 박물관에 소장되어 있다. 성지의 동쪽에는 2개의 조산소와 그리스도교 교회가 있다.

지금 남아 있는 신전은 프톨레마이오스 시대에 짓기 시작하여 로마의 티베리우스 황제(A.D.14~37 재위) 때 완성되었지만, 이 건물이 서 있는 토대는 훨씬 더 오래되어서 적어도 제4왕조(B.C.2613~2494경)의 2번째 왕인 쿠푸 시대까지 거슬러 올라간다.

10) 아비도스(Abydos) 신전

나일 강 서쪽 저지대 사막에 위치하며 이집트 초기 두 왕조의 왕실 공동묘지로서 나중에는 오시리스 신 숭배를 위한 순례 중심지가 되었다.

이곳의 역사는 바로 이집트의 정치적·종교적 발전과 밀접하게 관련되어 있으며 최초의 이집트 역사로 거슬러 올라간다. 19세기 말 일련의 묘 구덩이와 비석이 발굴되었는데, 비석에는 무덤들이 이집트 초기 두 왕조의 왕들의 것이라고 분명히 표시되어 있었다. 그러나 사카라에서 똑같은 왕들의 이름이 새겨진 부장품들이 매장되어 있는 석실묘가 발견되자 곧 아비도스가 이집트 왕들이 묻힌 곳인지에 대한 의문이 제기되었다. 왜냐하면 사카라 묘지의 규모가 훨씬 클 뿐만 아니라 부장품이나 장식도 풍부해 많은 학자들은 이곳이 초기 왕들의 진짜 묘지이며, 일찍부터 아비도스에 가짜 무덤과 비석을 세우는 관습이 있었다고 추측했기 때문이다. 그러나 공동묘지 구역 북서쪽 끝에 벽돌담이 당당하게 둘러져 있는 것으로 미루어 보아 제2왕조의 일부 파라오들이 실제로 이곳에 묻혔을 가능성이 있다.

고왕국 때 이 도시의 수호신은 자칼 신이었다. 제5왕조 때 자칼 신

아비도스 신전(ⓒancientaliens). 오시리스 신앙의 중심지로서 이곳에 오시리스의 무덤이 있다고 믿으면서 많은 사람들이 기념비를 건립했다.

을 숭배하던 전통은 차츰차츰 오시리스 신 숭배에 흡수되고, 이 도시
는 곧 오시리스 숭배의 중심지가 되었다. 이에 따라 오시리스의 공인
된 무덤이 있는 아비도스는 될 수 있는 대로 그 무덤 가까이에 묻히기
를 간절히 바라는 독실한 이집트인들의 순례지가 되었다. 이곳에 묻
힐 만한 비용이 없었던 사람들을 위해서는 비문을 세워 죽은 사람의
이름과 호칭 및 신에게 바치는 기도문을 새겼다. 그래서 이곳 공동묘
지에서는 이런 비석들이 수천 개나 있다.

파라오들은 점차 아비도스가 아니라 그들이 살던 도시 근처에 묻히
게 되었지만 아비도스에서 신격화된 오시리스 왕에 대한 숭배를 장려
했으며, 그곳에 있는 오시리스의 사원을 아름답게 꾸미고 확장시키는
데 특별히 신경을 썼다. 수세기에 걸쳐 페피 1세, 아모세 1세, 투트모
세 3세, 람세스 3세, 아모스 2세 등은 오시리스의 사원을 잇달아 재건·
증축했다. 어떤 파라오들은 이곳에 기념비나 장제전을 세웠으며 그중
세티 1세의 사원이 가장 아름답다. 이 사원은 설계가 독특해 신전이
7개나 되며 2개의 넓은 다주식 홀을 통해 들어가도록 되어 있다. 신전
은 파라오와 이집트의 주신들에게 바쳐졌다. 다른 방으로 통하는 긴
회랑에는 세티 왕과 아들 람세스가 메네스에서 시작되는 76명의 선왕
들의 고대 이집트 왕의 이름을 두른 타원형의 카르투시(cartouche)에
봉헌하는 모습을 나타낸 부조가 새겨져 있다. 이것이 곧 '아비도스의
왕 목록'이라 불리는 것이다. 이 사원의 벽을 장식하는 부조들은 특히
섬세하며 아름답다. 아비도스의 여러 사원 주변과 사원들 사이의 공
간은 선사시대로부터 로마 시대에 이르는 초기 이집트 역사의 매 시
대마다 방대한 공동묘지 단지로 사용되었다.

오시리스(Osiris)

　오시리스는 고대 이집트의 가장 중요한 신들 중의 하나로서, 그 기원은 잘 알려져 있지 않다. 하 이집트에 있는 부시리스의 지방 신이었다고 전해지며, 지하 세계의 다산의 화신이라고도 하고, 단순히 신성시된 영웅이라고도 한다. 그러나 B.C.2400년경에는 분명히 다산의 신과 죽은 왕들의 화신이라는 2가지 역할을 수행했다고 볼 수 있다. 2가지 역할은 왕권을 신성시하던 이집트 교리와 관련되어 있었다. 죽은 왕의 아들, 즉 살아 있는 왕은 하늘의 신인 호루스와 동일시되었으며, 따라서 오시리스와 호루스는 부자간이었다. 여신 이시스는 그 왕의 어머니였으며 따라서 호루스의 어머니이자 오시리스의 아내였다. 세트 신은 오시리스를 살해했으며 호루스의 적이었다고 한다.

　가장 전통적인 형태의 신화에 따르면 오시리스는 세트가 죽인 후 그 몸을 14조각으로 찢어 땅에 던져버렸다고 한다. 뒤에 이시스와 네프티스 자매는 시체 조각들을 발견하여 남근을 제외한 모든 부분을 묻어주었으며, 남근이 오시리스에게 새 생명을 주어 오시리스는 지하 세계의 통치자이자 재판관이 되었다. 그리고 호루스는 세트와 싸워 이겨 이집트의 새 왕이 되었다. 그리하여 왕권신성이라는 개념이 신화적인 교의 속에 수립되었다. 오시리스는 죽은 자들의 지배자일 뿐 아니라, 식물의 싹이 나는 것에서부터 나일 강의 연례적인 범람에 이르기까지 모든 것에 지하세계로부터의 생명을 부여하는 힘을 갖고 있는 것으로 여겨졌다.

　B.C.2000년경부터는 왕뿐 아니라 모든 사람들이 죽으면 오시리스와 동일시된다고 믿었다. 그러나 오시리스가 되는 과정이 부활을 의미하

지는 않는데, 이는 오시리스조차도 죽어서 다시 살아나지 못했기 때문이다. 대신에 그것은 사후세계와 현세에서 자손들을 통해 생명이 이어지고 있다는 것을 의미했다. 이처럼 일반화된 형태로 오시리스 숭배는 곧 이집트 전역으로 번졌으며, 종종 지방적인 풍요의 신들이나, 지하세계 신들에 대한 숭배와 결합되기도 했다. 오시리스를 따르면 영생을 얻을 수 있다는 생각은 특정한 숭배 형식을 통해 유지되었고, 이것은 헬레니즘 시대에는 오시리스 비교로 전해졌다. 그러나 후기 고왕국에 와서는 축제에 행렬과 야간의식이 가미되었으며, 아비도스 사원에서 거행되기도 했다. 축제는 공개적이었기 때문에 일반인들

아비도스 신전의 오시리스 축제 참가 모습(ⓒmonarisk). 오시리스 신의 운명을 상징적으로 재연한다고 믿었던 오시리스 축제는 매년 이집트 전역의 여러 도시에서 거행되었다.

도 자유로이 참여할 수 있었으며, B.C.3000년대 말엽에는 아비도스 사원으로 가는 길에 사람을 묻거나 또는 죽은 자를 나타내는 돌기둥을 세우는 것이 유행하게 되었다.

오시리스 신의 운명을 상징적으로 재연한다고 믿었던 오시리스 축제[13]는 매년 이집트 전역의 여러 도시에서 거행되었다. 이 축제의 핵심적인 특징이라고 할 수 있는 것은 오시리스의 형상을 본떠 만든 오시리스 정원에 흙과 여러 가지 약재들을 심는 것이었다. 여기에 나일 강의 물을 주고 씨를 뿌렸으며, 싹트는 씨앗은 오시리스의 강인한 생명력을 상징하는 것이었다. 멤피스에서는 신성한 소라고 여겨졌던 아피스가 오시리스를 상징하는 것으로 간주되었다. 뒤에 이 소는 오시리스 아피스라고 불렸으며, 마침내는 그리스의 신 사라피스라는 이름으로 발전했다. 그리스·로마 신화에서 오시리스는 디오니소스 신과 밀접하게 관련된다. 신왕국 이전의 오시리스의 형상은 잘 알려지지 않았다. 이 시기에 묘사되는 오시리스의 모습은 한 손에 지팡이를, 다른 한 손에 도리깨를 쥔 채 팔짱을 끼고 있는 미라의 형상이었다. 턱수염을 가늘게 땋아 내렸으며 상 이집트의 흰 왕관에 2개의 붉은 깃털을 꽂은 아테프 왕관을 머리에 쓰고 있다.

---

13) 이 축제의 핵심적인 특징이라고 할 수 있는 것은 오시리스의 형상을 본떠 만든 '오시리스 정원'에 흙과 여러 가지 약재들을 심는 것이었다. 여기에 나일 강의 물을 주고 씨를 뿌렸으며, 싹트는 씨앗은 오시리스의 강인한 생명력을 상징하는 것이었다.

오시리스와 이시스의 모습(©phoenician)

11) 사라페움(Sarapeum)

사라페움은 그리스·이집트의 신 사라피스를 예배하기 위해 봉헌된 신전이다. 이 이름은 프타 신의 성스러운 동물인 죽은 아피스 황소의 기념비에서 유래했다. 이 지역은 일찍이 B.C.1400년에 황소들의 무덤으로 사용된 듯하지만, 죽은 아피스 황소들의 지하묘지와 죽은 뒤에 오시리스 아피스로서, 오시리스 신과 결합된 아피스의 지상묘로 사용하기 위해 주회랑과 부속방을 설계한 이는 람세스 2세였다. 사카라 지방 근처에 사는 그리스인들은 이 신을 프톨레마이오스 왕조 때 사라피스가 된 오소라피스로 숭배했고, 그 뒤부터 신전은 사라페움이라 불렀다.

1850년 프랑스의 이집트 연구학자인 오귀스트 마리에트는 사카라에 있는 사라페움의 유적을 발굴했다. 그는 1851년에 지하방에 들어갔는데, 그 방에서 64개의 아피스 황소의 미라와 수천 개의 조각된 물건을 발굴했다.

알렉산드리아 폼페이기둥과 사라페움 신전 유적(ⓒ임병필)

다른 중요한 사라페움은 신 프톨레마이오스 왕국의 수도였던 알렉산드리아에 세워졌다. 이집트의 공식적인 신을 원했던 프톨레마이오스 1세 소테르(B.C.323~284 재위)는 사라피스를 선택하고, 가장 크고 유명한 신전을 설계하도록 명령했다. AD 391년 이 신전을 파괴될 때까지 이곳 사라페움에서 순수한 그리스 제의로 사라피스에게 제사지냈다.

사라피스(Sarapis)

멤피스에서 사라피스에 대한 제의는 성스러운 이집트의 황소 아피스와 연관해서 거행되었다. 프톨레마이오스 1세(B.C.323~285/283 재위)가 여러 그리스적 요소와 함께 새로운 신으로 도입한 이 신은 원래 지하세계의 신이었다.

당시의 사라피스는 그리스 신 하데스와 디오니소스의 기능을 수용했다. 사람들은 죽은 자들의 신인 오시리스를 하데스와 동일시했고, 다산의 신인 오시리스를 디오니소스와 동일시했다. 게다가 사라피스는 구원의 신으로 매우 인기가 있었다. 이처럼 사라피스 안에는 이집트와 그리스의 신들이 용해되었는데, 나중에는 수많은 다른 신들의 다양한 특성들이 첨가되었다. 사라피스는 보편적인 신이 되었던 것이다.[14]

아피스 상(ⓒ『이집트』). 황소 신 아피스는 프타 신이 현신한 것으로 간주되어 멤피스에서 특별히 숭배되었다. 아피스는 프톨레마이오스 왕조 때 오시리스와 아피스를 결합한 사라피스로 바뀌었다.

---

14) 만프레드 클라우스 저, 임미오 역, 2003, pp.135 - 136.

점차 사라피스는 태양신(Zeus Sarapis)으로뿐 아니라 치료와 풍요의 신으로 숭배되기 시작했다. 그에 대한 숭배는 로마에서 시작되어 무역로를 따라 지중해 연안에 두루 퍼져나갔으며 특히 큰 상업도시가 중심이 되었다. 물질은 악하고 영은 선하다고 믿던 초기 그리스도교의 이단론자들인 영지주의자들 가운데 그는 보편적인 신격의 상징이었다. 알렉산드리아의 사라페움은 391년에 집정관 테오필로스와 그의 추종자들에 의해 파괴되었다.

4. 맺음말

이상 현재까지 잘 보존되고 있는 이집트의 신전들과 주요 신들을 표로 정리해보면 다음과 같으며, 이를 통해 다음과 같은 결과를 도출할 수 있다.

번호	신전 이름	주요 신	설립자(완성자)
1	아부 심벨	프타, 아문-라, 라-하라크티/ 하토르	람세스 2세
2	필레	이시스	프톨레마이오스 2세와 3세
3	콤 옴보	세베크, 호루스	프톨레마이오스 6세부터 13세
4	이드푸	호루스	프톨레마이오스 11세
5	이스나	크눔	프톨레마이오스 6세, 로마 데큐스 황제
6	카르나크	아문-라, 무트, 콘수, 몬트 외	중왕국의 세소스트리스 1세, 신왕국의 투트모세 1세와 3세, 하트셉수트 여왕, 람세스 1세·2세·3세, 세티 1세와 2세 등
7	룩소르	아문-라, 무트, 콘수	신왕국 아멘호테프 3세

8	하트셉수트	하토르	하트셉수트 여왕
9	단다라	하토르	로마 티베리우스 황제
10	아비도스	오시리스	고왕국
11	사라페움	사라피스	프톨레마이오스 1세

첫째, 고왕국의 신전으로 현재까지 남아 있는 곳은 아비도스 신전뿐이다. 고왕국의 수도였던 멤피스를 중심으로 사카라에 성스런 황소 아피스와 크눔 신을 모시는 신전들이 있었겠지만 오랜 세월로 인해 피라미드들만 남아 있을 뿐이다.

둘째, 중왕국 시대부터 수도가 된 테베(룩소르)에는 카르나크 신전, 룩소르 신전, 하트셉수트 신전 등과 같은 웅장한 신전들이 신왕국 시대에 집중적으로 건설되었다. 사실 중왕국 시대의 신전 흔적은 카르나크 신전에 일부 남아 있을 뿐이다.

셋째, 그 외 필레, 콤 옴보, 이드푸, 이스나, 단다라, 사라페움은 그리스 프톨레마이오스 시대와 로마 시대에 건설되었다. 이와 같은 사실은 이집트를 정복한 그리스인들과 로마인들이 이집트인들의 신을 수용함으로써 현지인들의 동의와 지지를 이끌어내고 이집트에 적극적으로 동화하려 노력하였다는 증거라 할 수 있다.

넷째, 현재까지 남아 있는 주요 신전들에 모셔진 신들을 살펴보면 프타(어둠의 신), 이시스(마법사, 죽은 자의 소생과 생명의 원천), 하토르(서부의 여신), 오시리스(지하세계의 왕), 사라피스(지하세계의 신)와 같은 죽음, 어둠, 지하세계와 관련된 신들이 많다는 것을 알 수 있다. 이와 같이 죽음이나 지하세계와 관련된 신들의 숭배는 이집트인들의 죽음에 대한 두려움뿐만 아니라 그들의 내세관과도 밀접한 관계가 있다. 결국 이집트인들이 가지고 있는 영원한 지하세계에 대한 두려움과 기대감이 반영된 결과라 할 수 있다.

또한 라(태양신), 세베크(악어의 신)와 같이 이집트인들에게 공포의 대상이 되었던 존재에 대한 숭배를 알 수 있다. 태양신이 이집트 전역에서 숭배된 것은 전 이집트가 강렬한 태양의 영향권 내에 있다는 점과 악어 신에 대한 숭배가 콤 옴보, 파이윰, 아스완과 같이 악어가 공포의 대상이 되었던 지역에서 이루어졌다는 점을 통해 숭배의 대상과 지역이 매우 밀접한 관계가 있음을 알 수 있다.

참고문헌

강성렬,『고대 근동의 신화와 종교』, 서울: 살림출판사, 2006.
만프레드 클라우스 저, 임미오 역,『알렉산드리아』, 생각나무, 2003.
시바사키 미유키 저, 박정임 역,『말 많은 이집트 지식여행』, 서해문집, 1989.
정규영,『문명의 안식처, 이집트로 가는 길』, 르네상스, 2006.
조르조 페레로 지음, 김원옥 옮김,『이집트: 고대 문명의 역사와 보물』, 도서출
　　　　판 생각의 나무, 2007.
네이버 온라인지식백과(룩소르 신전, 하트셉수트 신전) 다음 블로그
http://blog.daum.net/_blog/BlogTypeView.do?blogid=04Tj4&articleno=6817020#ajax_
　　　　history_home(크눔, 콘수)
온라인 브리태니커백과(아문－라, 필레 이시스 신전, 세베크, 이드푸 호루스
　　　　신전, 호루스, 카르나크 신전, 하트셉수트 여왕, 하토르, 단다라 신전,
　　　　아비도스 신전, 오시리스, 사라페움, 사라피스)
위키피디아(몬트)
이집트정부관광청
인터넷 두산백과

김효정

1. 터키 신화와 튀르크 설화

터키족은 아제리족, 카자흐족, 우즈벡족, 키르기즈족, 투르크멘족, 알타이족 투바족, 하카스족, 아쿠트족 등 유라시아에 존재하는 여러 튀르크족 가운데 한 민족이다. 튀르크족은 몽골족, 만주−퉁구스족과 더불어 알타이 민족 가운데 가장 많은 인구와 가장 많은 독립된 국가를 형성하고 있다. 튀르크족은 유라시아에 약 40여 개 이상의 종족이 존재하며 인구는 1억 8천 정도로 추정되고 있다(http://tr.wikipedia.org/wiki/Türk dilleri ailesi). 유라시아 지도를 펴고 민족 분포를 계통적으로 살펴볼 때 튀르크족의 분포는 여타 민족과는 다른 매우 특이한 상황을 볼 수 있다. 중국 신강성의 위구르 자치구에서부터 중앙아시아를 지나 아시아 대륙이 끝나고 유럽이 시작되는 아나돌루 반도 및 동부 유럽에 이르기까지 튀르크족은 지리적 연속성을 가지고 분포되어 있다. 뿐만 아니라 세계에는 독립된 나라를 이루지는 못하고 소수민족으로 살아가는 다른 튀르크족들도 존재한다. 예를 들면 중국 최대의 소수

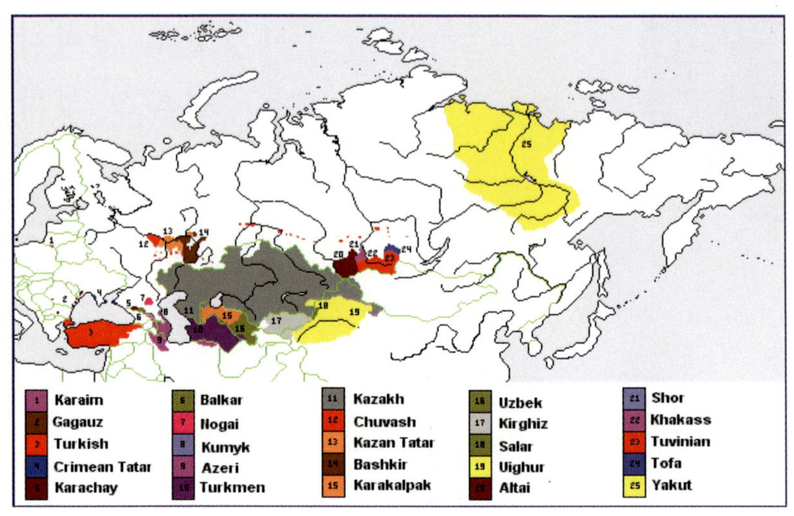

튀르크제어와 분포도
http://www.umich.edu/~turkish/langres_turkic.html 2012.01.11.

민족인 위구르족을 비롯하여 러시아의 소수민족인 야쿠트족, 타타르족, 바쉬코르트족, 하카스족, 투바족, 알타이족 등도 튀르크족이다.

터키는 1923년 터키공화국의 선포와 함께 지구상에 등장하였고 터키족은 이 나라를 구성한 민족이다. 터키족뿐 아니라 모든 튀르크족의 조상은 6세기 중반 몽골리아와 중앙아시아에 거대한 제국을 형성한 돌궐이다. 돌궐은 자신들을 '튀르크'라고 불렀다. 터키족의 직접적인 조상은 중앙아시아로 서진하여 정착한 오우즈 튀르크족으로 11세기에 아나돌루 반도로 이주하기 시작했다. 오우즈 튀르크족이 아나돌루 반도의 거민들과 혼혈하여 이루어진 종족이 오스만 민족이며 이들의 후예가 터키족이다. 그러므로 터키신화라는 표현은 옳지 않으며 터키족뿐 아니라 유라시아 모든 튀르크족의 신화, 민담, 전설 등을 포함하는 설화, 즉 튀르크 설화라는 표현이 적절하다. 한편 현재 터키인이 거주하는 아나돌루 반도는 고대로부터 지정학적으로 매우 중요한 위치에 있었기 때문에 여러 다양한 문명과 문화가 공존하는 곳으로 이 지역에서 전해 내려오는 설화는 매우 풍성하다. 그러므로 튀르크 설화란 돌궐제국의 멸망 이후 역사 속에 등장한 여러 튀르크족으로부터 형성되어 현재 유라시아 튀르크족 가운데 존재하는 모든 튀르크족의 설화를 의미한다. 입에서 입으로 전해지는 설화의 특성상 가장 동쪽의 중국 신장 위구르족의 설화 속의 등장인물은 아시아의 서쪽 끝의 터키 아나돌루 지역의 설화 속에 등장하는 인물과 동일한 성격으로 묘사되기도 하며 주인공의 이름과 설화의 제목이 다를지라도 주인공의 역할과 설화의 내용은 유사할 수 있다. 모든 튀르크 설화에는 선과 권력, 전투력, 기마성, 신뢰성 등에 가치를 부여한 것을 볼 수 있다 (김효정(b) 2003: 12).

2. 튀르크 설화 개관

1) 튀르크 설화의 형성과 전승자

돌궐족은 유목민족으로서 유례없는 그들의 고유한 문자를 창제하여 기록을 남긴 민족으로 8세기 이후 그들의 문자를 사용하여 기록을 남겼지만 돌궐문자로 기록된 그들의 설화는 존재하지 않는다. 현재까지 알려진 튀르크족의 설화는 중국, 페르시아, 아랍, 몽골 등 주변 민족의 기록과 튀르크족의 기록에서 발견된다. 또한 19세기에 밋덴도르프, 뵈흐트

링 등 서구학자와 라들로프, 뷔르빗스키, 포타닌 등 러시아 학자들에 의하여 유라시아에 구전되어 오던 설화 및 서사시들이 수집된 것이다.

튀르크 설화의 형성과 전승에서 그 역할을 담당한 자는 샤먼이었다. 샤먼은 샤머니즘의 종교적 의식과 구성원의 모든 행사를 진행할 뿐 아니라 우주의 모든 신이나 영적 존재들과 인간을 연결하는 매개자이다. 이슬람 이전 고대 튀르크 사회에서 샤먼은 사냥대회나 잔치, 결혼식, 장례식 등에서 중요한 역할을 담당하였다. 이때 샤먼은 많은 사람들이 모인 집회에서 조상 대대로 입에서 입으로 전해 내려오는 전승들을 구성원들에게 있는 그대로 혹은 자신의 창작성을 가미하여 전달하였던 것이다. 이러한 샤먼의 역할은 후대에 전통 악기를 들고 돌아다니며 구전되어 오는 시를 읊은 전통음송시인(asik)에 의해 전승되었고 구전 시들은 후대에 문자로 기록되었다(Günay 1992: 169-175; Ekici 2006: 85).

2) 튀르크 설화에 나타난 튀르크족의 문화적 특성

세계의 모든 설화가 그러하듯 튀르크 설화도 튀르크족의 정체성과 그들의 원시사고에 민족적 창의력이 가미되어 구성된 것이다. 뿐만 아니라 설화는 튀르크족 고유의 민족정서를 반영하며 설화가 만들어지는 당시의 시대상을 나타낸다. 또한 그들이 바라는 이상세계를 나타내고 후세에 남기고 싶은 교훈적 성격을 담기도 한다. 튀르크족 설화는 유목민의 생활상을 반영하듯 긴 문장을 서술하는 이야기 형식보다는 함축적이고 간결한 단문형식의 서사시가 발전하였다(김효정(b) 2003: 11-12).

(1) 유목민족 문화

현재 튀르크족 가운데 유목국가는 존재하지 않으나 튀르크족의 조상인 돌궐은 유목민으로 가축을 방목하며 가축에 의존하는 유목생활을 하였다. 유목민들은 동영지와 하영지를 정기적으로 왕복하며 의식주를 가축에 의존한다. 육류와 버터, 치즈, 요구르트와 같은 유제품을 생산하여 식량으로 하며 의복은 모피로 만들어 기마활동에 편리하게 하였다. 가재도구는 이동에 필요한 나무제품이나 피혁제품으로 이루어졌으며 주거형태도 이동에 용이한 조립식 텐트를 사용하였다. 역사적으로 유목국가는 정주국가들에 비하여 인구가 적었으나 정주국가의 안전에 항상 위협이 되었다. 유목민족의 위력은 인구수가 아닌 뛰어난 기마술과 전쟁술에 있었다. 유목생활에서 기본이 되는 말과 수렵기술은 유목민족에게 기동성을 부여하고 전쟁기술을 발전시켰다. 유목민들은 자연환경과 기후에 따라 가축을 방목하며 이동하며 살았고 자연재해 및 전염병 등으로 인한 생존을 위하여 약탈행위를 했던 것이다.

유목국가는 정주국가와는 다른 특징을 지닌다. 유목국가는 단일 민족(부족)에 의해 성립되지 않고 부족연맹체적 성격을 지닌다. 즉 강력한 지도력을 가진 맹주를 중심으로 연합하는 부족연맹체이다. 그러므로 유목국가의 운명은 카리스마적 지도력과 군사적 역량을 지닌 맹주의 지휘에 좌우되기 때문에 통치자의 지도력 부재는 국가의 위기 상황 발생 시 국가가 쇠퇴하는 가장 중요한 요인으로 작용하였다. 그러므로 튀르크족은 강력한 카리스마적 지도력으로 자신들을 이끌어 갈 전쟁영웅을 열망하여 영웅의 일대기를 그리는 데스탄, 곧 영웅서사시

(영웅설화)가 발달되었다. 영웅서사시의 내용은 전쟁영웅인 주인공의 정복과 영토 확장 과정에서 이루어진 영웅담을 중심으로 신화적 영웅의 활약을 묘사한 것이 주를 이룬다. 데스탄에는 영웅의 출생 및 정복사업을 묘사하는 과정에서 기이한 이적과 신화적 내용을 다루기도 한다. 가축을 방목하며 가축에 의식주를 의지하는 유목민족에게 있어 영토를 보존하고 확장시키는 것은 지도자의 주요 역할이었다. 그러므로 유목민의 지도자는 곧 전쟁영웅으로서 유목민들의 선망의 대상이 되어 시대의 필요와 백성들의 여망에 따라 그들을 주인공으로 하는 수많은 영웅들의 이야기들이 만들어진 것이다.

(2) 텡그리 신앙(천신신앙)

'텡그리(천신)'는 알타이어족의 공통 어휘 가운데 기원적으로 가장 오래된 어휘 가운데 하나이다. 유라시아 유목민족의 절대신 텡그리는 모든 신 가운데 가장 위대한 신으로서 튀르크족과 몽골족이 분화되기 이전부터 유라시아 유목민족의 절대적인 원시신앙의 대상이다. 유목민족의 지도자는 하늘의 권위를 위임 받은 자로 신성한 존재이다. 흉노 지도자를 '선우'라 하는데 이는 '탱리고도선우(撑犁孤塗單于)'의 약자이며 이 어휘는 '탱리'와 '고도' 및 '선우'로 이루어진 명사구로서, 여기서 '탱리(撑犁)'는 바로 '텡그리(Tengri)'의 음역이며 고도(孤塗)는 쿠트(kutı '그의 권위' 혹은 '권위'), 즉 탱그리 쿳(tengri kut)으로 그 뜻은 '신성한(거룩한) 폐하(하늘로부터 권위를 위임받은 자)인 선우'라는 의미인 것이다(Tekin 1993: 10-11). 텡그리는 유라시아 유목민족들 가운데 유일한 창조신으로 묘사되며 일종의 종교형태를 취하고 있다.

훈, 타브가치, 돌궐, 우이구르 등 유라시아의 여러 종족들이 희생제물을 드렸다는 여러 성스러운 존재들 가운데 텡그리는 가장 우선되며 으뜸이 되는 존재이다. 텡그리는 완전한 절대 주권자이며 하늘의 주인이기 때문에 천신(하늘신 Gök-Tanrı)으로 묘사된다. 텡그리 신앙(천신신앙 Gök-Tanrı Dini)은 튀르크족의 대표적인 원시신앙 형태이다. 이러한 텡그리 사상은 땅과 관련이 되는 농사를 짓는 정착민족의 것이라기보다는 수렵과 목축경제를 위주로 하는 유라시아 초원의 유목민족과 연관이 있다. 일찍이 여러 민속학자들이 텡그리 신앙은 유목민족의 사회 경제적인 생활과 밀접한 관계가 있음을 밝힌 바 있다. 엘리아데 역시 텡그리 신앙이 중앙아시아와 북아시아 민족의 전형적인 신앙형태라고 하였고, 튀르크족의 역사와 문화를 연구한 프랑스 학자 지로(Giraud)도 텡그리 신앙은 모든 튀르크족의 근본 신앙이라고 하였다(Kafesoğlu 2002: 300). 그렇기 때문에 튀르크족을 다스릴 지도자는 텡그리로부터 그 권위를 부여 받아야 하는 것이다. 튀르크족의 텡그리에 대한 원초적 개념은 배우자도 자녀도 없는 유일무이한 신성한 존재로 튀르크족을 바른 길로 인도하고 다스리며 튀르크족이 잘못했을 때 벌을 주고 잘 했을 때 상을 주는, 그들을 보호하는 권위를 지닌 존재로서 단지 복종의 대상인 튀르크족의 위대하고 거룩한 절대자인 것이다(Güngör 2002: 262). 한편 위구르 지도자의 이름은 이디쿳(idikut)인데 그 의미는 '신성한(거룩한) 존재, 폐하'로 당리고도, 즉 텡그리 쿳(tengri kut)의 의미와 동일하다(Arat 1987: 474). 돌궐비문에는 이러한 튀르크족의 텡그리에 대한 신앙이 잘 나타나 있다.

(3) 이슬람 문화

튀르크족 가운데 최초로 이슬람을 수용한 나라는 카라한조이다. 카라한조(840~1212)는 돌궐제국과 위구르 제국이 멸망한 후 중앙아시아에 건설된 국가로 튀르크계 카를룩 부족이 중앙아시아 서부 지역에서 세력을 형성하며 세운 국가이다. 카라한조는 960년 싸툭 부우라 한의 통치 때 카라한조의 동부지역인 동튀르키스탄 전역이 이슬람화되었다. 싸툭 부우라 한은 922년에 태어나 카라한조를 920~958년 사이에 통치한 지도자로 932년 이슬람 종교를 받아들이며 무슬림이 되었다. 튀르크족의 조상인 돌궐족은 유목민족의 고유한 신인 텡그리를 믿는 샤머니스트들이었는데 싸툭 부우라 한의 개종은 카라한조를 역사상 최초로 무슬림 튀르크족 국가가 되게 하였다. 사툭 부우라 한의 개종 과정은 자세히 알려져 있지 않지만 중앙아시아 튀르크족의 이슬람 확산에 결정적으로 작용했고 그의 개종에 대한 다양한 이야기들이 만들어지면서 그의 이슬람 개종에 종교적 영감과 신성성을 덧붙여져 '싸툭 부우라 한' 설화가 형성되었다. 지금까지 카쉬가르 부근의 아르투츠 지방에 있는 그의 무덤은 무슬림들의 사랑받는 성묘이며 싸특 부우라 한의 생애는 튀르크족들 사이에 전설적이고 설화적으로 묘사되며 회자되고 있다.

이슬람을 수용한 이후 튀르크족의 삶과 문화는 큰 변동이 일어나면서 이러한 변화는 설화에도 반영되었다. 튀르크 설화에는 튀르크족의 원시사고와 세계관 및 그들의 고유한 문화적 특성들이 반영되어 나타나는데 이슬람을 수용한 이후로는 다양한 이슬람 요소가 첨가된 것을 볼 수 있다. 기존설화에 이슬람 종교적 인물이나 용어 등 이슬람 요소

를 첨가시키고 또는 이슬람 정서에 위배되는 부분은 삭제하거나 혹은
전혀 다른 내용이나 모티브로 대체한 것이다.[1]

(4) 튀르크족의 원시사고와 세계관

유라시아에서 수집된 튀르크족의 천지창조신화와 인간창조신화는
튀르크족 고유의 창조신화라기보다는 외부에서 유입된 타문화적 요
소가 많이 내재되어 있는 신화이지만 튀르크족의 원시종교인 샤머니
즘이 그 기본을 이루고 있다. 종족기원신화는 중국 역사서에서 기록
된 기원설화와 튀르크족의 전쟁영웅인 오우즈 카간이 정복하는 과정
에서 새로운 종족을 명명하는 설화 및 각 지역에서 수집된 설화 등으
로 구분된다. 뿐만 아니라 튀르크 설화 가운데는 이슬람 영향을 받은
여러 튀르크족의 전쟁영웅 설화들이 존재한다. 튀르크족의 역사를 살
펴볼 때, 튀르크족은 끊임없는 정복전쟁과 영토확장의 연속이었고,
세계 역사상 유례없는 거대한 제국들을 형성한 민족이기 때문에, 그
들의 이야기를 담은 튀르크 설화 역시 튀르크족의 역사만큼이나 화려
하고 풍부하다. 전쟁영웅들의 이야기를 담은 튀르크 설화는 자신들의
정복전쟁 역사 속에서 일어난 사건과 인물을 소재로 삼아 유목민족
고유의 상상력으로 자신들의 무의식의 세계와 그들의 기대를 그려낸
것이다. 전쟁영웅들의 강인함과 투쟁 및 승리를 묘사함으로써 전쟁영
웅을 필요로 했던 시기에 그들의 여망을 나타냈던 것이다.

---

1) 튀르크 설화에 나타난 이슬람의 영향에 관한 자세한 내용은 졸고, "튀르크 설화에 나타난 이
슬람의 영향", 한국중동학회논총 30-3호, 2010.

3. 튀르크 설화

1) 베르벳스키가 수집한 튀르크족의 천지창조설화

튀르크족의 천지창조신화는 원시종교인 샤머니즘적 요소를 보존하고 있는 알타이산맥과 예니세이 강 주변의 튀르크족 사이에서 구전되어오던 내용이 수집된 것이다. 이들은 알타이-아바칸 튀르크족으로 유목민이면서 정착생활을 하고 있으며 과거에는 철공업에 종사하였고 현재로선 튀르크족 가운데 정착문명화가 가장 늦은 종족으로 알려져 있다.

세상은 하나의 바다였다, 하늘도 땅도 없는.
구석도 모서리도 끝도 없는 물속에 있었다, 모든 땅은!
탄르 월겐(Tanrı Ülgen)은 날고 있었고 머무를 수 있는 데는 아무 데도 없었다.
날면서 찾고 있었다, 딱딱한 장소 한 구석을.
신령한 영감에 의해 무엇엔지 가슴이 벅차며
망각에서부터 온 소리가 그에게 방법을 가르쳐 주었다.
하늘로부터 온 소리가 월겐에게 명령하였다:
"잡아라 네 앞에 있는 것을, 빨리 붙잡아라!"고 했다.
월겐은 이 명령에 순종하여 자신의 손을 뻗쳤다.
자기 스스로 반복하였다, 하늘의 소리를.
바다에서 나온 돌 하나가, 솟아올랐다 수면 위로.

얼른 돌을 붙잡고 올라탔다 그 위에!

이제 월겐은 만족하였고 편안했다.

바다 위에 머물 곳이 생긴 것이다.

하늘의 명령으로 월겐은 머물 곳을 찾게 되자

이제는 하늘들을 창조할 시간이 된 것이다!

월겐은 계속 생각하였었다, 저 하늘들을 바라보면서:

"한 세상을 원한다 나는, 한 혈통으로 창조하리라!

어떤 세상이 좋을까, 어떤 종족으로 창조할까!

무슨 방법이 있을까, 어떻게 창조해야 할지!"

(중략)

월겐은 땅을 바라보며: "있어라 땅이여!"라고 말했다.

이 소망은 그대로 이루어져, 바다로부터 땅이 창조되었다.

월겐은 하늘을 바라보며: "있어라 하늘이여!"라고 말했다.

이 명령에 따라 땅의 위가 하늘로 장식되었다.

탄르 월겐은 이에 멈추지 않고 좋다고 하며,

이 세상의 옆에 세 마리의 물고기를 창조하셨다.

이 큰 물고기들의 위에 세상을 올려 좋으셨다,

물고기들은 매우 커서 세상을 지탱하였다.

세상의 옆에 두 마리의 물고기를 놓아,

세상은 돌아다니지 않고 한 곳에 고정되었다.

(중략)

세상의 창조는 6일 동안에 이루어졌다.

칠 일째 바이 월겐(Bay-Ülgen)은 잤다.

하루를 자고 난 후 바이 월겐은 일어났다 다시.

주위를 살펴보았다, 자신이 창조한 것을 보기 위해서.

우리의 것과는 달랐다, 자신과 동등한 세상은,

단지 고개를 숙이며 달과 해의 세상과

아홉 개의 다른 세상도 창조되었었다.

각각의 지옥과 또 땅도 포함되었었다.

(하략)

2) 라들로프가 수집한 튀르크족의 천지창조설화

천지가 창조되기 이전 모든 것은 물뿐이었다. 땅도 하늘도 해도 달도 없었다. 모든 신 가운데 가장 위대한, 모든 존재의 시작이자 인류의 조상인 카라한 신(Tanrı Karahan)이 최초에 자신의 모습과 비슷한 한 피조물을 만들어 그 이름을 키쉬(kişi)라 하였다. 카라한과 키쉬는 두 마리의 검은 거위처럼 편안히 물 위를 날아다니고 있었다. 그러나 키쉬는 이 행복한 평안에 만족하지 않고 카라한보다 더 높은 곳으로 올라가길 원했다. 키쉬의 이런 교만으로 그는 날 수 있는 능력을 잃게 되고, 깊고 끝없는 물속으로 내동댕이쳐졌다. 금방 질식할 것 같은 위험상황에 처한 키쉬는 곧 카라한에게 구원을 요청하고, 카라한은 키쉬에게 솟아오를 것을 명했다. 키쉬는 카라한의 명령에 따라 올라오게 되고, 카라한은 키쉬가 가라앉지 않도록 바다로부터 한 별이 떠오르게 했다. 키쉬가 이제 날 수 없게 되자 카라한은 땅을 만들어야겠다고 생각하였다. 카라한은 키쉬에게 바다 밑에서 흙을 가져 와 흙을 물 위에 뿌릴 것을 명하였다. 키쉬는 흙을 물 위로 내뱉으면서 자신을 위한 비밀스런 한 곳을 만들기 위해 흙 조금을 입안에 감추었다. 그러나 키쉬가 물 위로 오르면서 입안의 흙은 부풀어져, 만약 카라한이 뱉어 낼 것을 명하지 않았더라면 키쉬는 숨을 쉬지 못하고 질식할 뻔하였다. 카라한이 만든 세상은 평평한 땅이었으나, 키쉬가 입안에서부터 뱉어 낸 흙이 사방으로 흩어져 늪과 산을 만들었다. 이것을 본 카라한이 매우 노하여 이 불순종한 키쉬를 에를릭(Erlik)이라 명하고 그를 광명의 동산에서 내쫓았다. 이후 카라한은 그가 만든 땅에서 살 사람들을 창조하였는데 아홉 가지가 있는 나무를 심어 각 나뭇가지 아래에 각각 한 사람씩을 만들었다. 이 사람들이 아홉 인종의 조상들이다(Radloff(a) 1994: 4).

3) 오우즈 카간(Oguz Kagan) 설화[2]

오우즈 카간 설화는 이란, 카프카즈 지역과 카스피해를 지나 중국 및 예니세이 강 유역에 이르기까지 튀르크족의 영토를 확장시킨 전설적인 영웅인 오우즈 카간의 일대기를 다루고 있다. 오우즈 카간 설화는 유목민족인 튀르크족 모두에게 나타나는 전쟁 영웅 일대기의 원형이라 할 수 있다. 튀르크족의 설화 가운데 그 상징과 내용이 튀르크족의 원시사고를 잘 표현하고 있는 가장 오래된 작품으로 평가된다. 다음은 방(W. Bang)과 아랏(R. R. Arat)에 의해 출간된 오우즈 설화 가운

---

2) 오우즈 카간 설화는 그 생성시기가 튀르크 설화 가운데 가장 오래된 것으로 추정되며 '오우즈'라는 튀르크족 지도자의 일대기이다. 오우즈 카간은 튀르크족의 전설상의 존재로 주변의 유목민족과 전쟁하며 튀르크족의 영토를 확장시킨 전쟁영웅이다. 오우즈 카간은 튀르크족의 영토를 확장시키는 과정에서 공을 세우는 어떤 한 인물에게 이름을 지어주고 그 지역을 다스리며 새로운 튀르크 종족의 기원을 이루게 한다. 오우즈 카간 설화에는 싸클랍족, 카를룩족, 큽착족, 칼아츠족 등 여러 튀르크 종족의 기원이 묘사된다(김효정(d) 2008:7).

데 출생에서 결혼과정 내용을 발췌한 것이다다(Arat 1987: 10-11; Köprülü 1980: 48) :

오우즈가 태어날 때 얼굴은 푸르고, 입은 불과 같이 빨갛고, 눈과 머리와 눈썹은 까만 세상에서 가장 아름다운 아이였다. 그의 어머니의 초유를 빤 이후 다시는 빨지 않았다. 먹을 것을 원하더니 말하기 시작하였다. 40일 동안에 성장하더니 돌아다니며 놀기 시작했다. 오우즈의 발은 황소의 발과 닮았으며 몸체는 이리의 몸체와 닮았고, 가슴은 곰의 가슴과 닮았고, 옆구리에는 털이 나 있었다. 말의 무리를 몰고 다니며 말을 타고 허락도 받지 않고 사냥을 다녔다. 세월이 흘러 청년이 되었다. 그 당시 이 나라에 큰 숲이 하나 있었다. 그 숲속에는 시내와 강과 샘물이 흐르고 동물과 새들도 많았다. 이 숲에 거대한 괴물이 하나 있었다. 말들을 갈기갈기 찢어 먹고 사람들은 꿀꺽 삼켰다. 영웅 오우즈는 이 괴물을 죽이리라 결심을 했다. 어느 날 창과 활, 화살, 칼, 방패 등을 가지고 말에 타고 사냥을 나갔다. 한 사슴을 잡았다. 이 사슴을 가죽 줄로 나무에 묶은 후 그곳을 떠났다. 아침이 되어 해가 뜰 때 그곳에 갔더니 괴물이 그것을 가져간 후였다. 이때 곰 한 마리를 잡아 금으로 장식된 허리띠로 나무에 묶은 후 그곳을 떠났다. 아침이 되어 해가 뜰 때 그곳에 가보니 괴물이 그것도 또한 가져갔다. 이제는 오우즈가 나무에 앉아 기다렸다. 괴물이 나타나더니 그의 머리를 오우즈의 방패에 부딪쳤다. 오우즈는 창으로 그의 머리를 쳐서 죽이고 칼로 그의 머리를 자른 후 그 곳을 떠났다. 오우즈가 그곳에 다시 왔을 때 까마귀 한 마리가 그 괴물의 내장을 먹기 위하여 온 것을 보고 그 까마귀도 죽였다. 어느 날 오우즈가 신께 기도를 드리고 있었다. 갑자기 주위가 어두워지더니 하늘로부터 푸른 광채가 떨어졌다. 해보다도 달보다도 더 광채가 났다. 오우즈가 그곳에 가보니 그 빛의 한가운데에 소녀가 혼자 앉아 있는데 매우 아름다웠다. 그의 머리에는 북극성과 같이 반짝이는 표시가 있었다. 얼마나 아름다운지 그 소녀가 웃자 푸른 하늘도 웃고, 소녀가 우니 푸른 하늘도 울었다. 오우즈는 그 소녀를 보자 넋이 나갔다. 그 소녀를 사랑하여 데리고 왔다. 세월이 흘러 오우즈는 그 소녀에게서 세 아들을 얻어 각각 '해', '달', '별'이라고 이름 지었다. 어느 날 오우즈는 사냥을 갔다. 멀리서 어느 호수의 한가운데에 있는 나무와 나무의 문 앞에 홀로 있는 소녀를 보았다. 얼마나 아름다운지 그 소녀를 본 사람은 기절하고 우유 혹은 마유주가 되어 흐를 것이다. 오우즈가 그 소녀를 보고 넋이 나갔다. 그를 사랑하여 데려왔다. 세월이 흘러 오우즈는 그 소녀로부터 세 아들을 얻어 각각 '하늘', '산', '바다'로 이름 지었다.

4) 돌궐족의 종족기원설화[3]

돌궐족은 튀르크족 가운데 최초로 기록을 남긴 민족이자 유목민족들 가운데 그 선례가 없는 고유문자를 제작한 민족이다. 돌궐족은 자신들이 제작한 그들 고유의 문자로 돌에 비문을 남겼는데 대부분 8세기 제2돌궐제국시대에 기록된 것으로 그 내용은 정치사 및 군사와 유

---

3) 이리는 여러 튀르크족의 다양한 구비문학에서 뿐 아니라 튀르크족의 고대에서 현대에 이르는 문학작품에서 그들의 민족정서를 나타내는 신화적 동물로 등장한다. 이리를 신성시 여기는 것은 튀르크족에게서만 나타나는 것은 아니다. 이리는 유라시아 여러 유목민족들의 신화적 동물로서 돌궐족이 발흥하기 이전 오손이나 고차족 기원신화 및 징기스칸의 계보에도 신성한 동물로 등장한다 유라시아에 구전되어 오는 서사시를 연구한 포타닌(Potanin)은 여러 종족 신화에서 보이는 이리 모티브는 튀르크족에서부터 시작된 것으로 보았다(김효정(c) 2003 : 85-102),

사하다. 이 비문들은 튀르크족이 초원에서 유목생활을 하던 시기에 기록된 튀르크족의 가장 오래된 문학작품이라 할 수 있다. 비문에는 돌궐족의 기원신화가 기록되어 있지 않으나 부구트(Bugut) 비문의 이수에는 이리의 젖을 먹고 있는 어린이가 부조되어 있다. 이는 중국 문헌에 기록되어 있는 돌궐족의 기원신화를 나타내는 것으로서 당시 돌궐족 사이에 회자되고 있었다는 것을 보여주는 증거인 것이다. 다음은 중국 연대기 가운데 돌궐의 기원신화를 상세히 기록한 주서 돌궐전의 내용이다(『周書』 권50; 김효정(a) 2001: 246-247) : 돌궐은 흉노의 일파로 그 姓이 아사나이다. 돌궐은 독립된 부락을 이루고 살았다. 인접 국가의 공격을 받아 전 부족이 몰살당하였는데 열 살 난 남자아이만 살아남았다. 병사가 이 아이를 차마 죽이지 못하고 다리를 잘라 늪에 버렸다. 이 남자아이를 이리가 먹여 길렀다. 그 소년이 장성하여 이리와 합하여 이리가 잉태하게 되었다. 적의 왕이 이 아이가 살아 있음을 듣고 곧 죽일 것을 명하여 사자를 보냈는데, 사자가 보니 이리가 그 옆에 있었다. 이리도 함께 죽이려 하자 이리는 고창국의 북산으로 도망하였다. 그 산에는 동굴이 있었는데 그 곳은 땅이 좋고 풀이 무성한 곳으로 사면이 산으로 둘러싸여 있었다. 이리는 그 동굴에서 열 명의 아들을 낳았다. 열 명의 아들이 장성하여 각각 아내를 취하여 각각 姓을 취하였는데 아사나는 그 중의 한 姓이다. 자손이 번창하여 점차 수백 가(家)에 이르렀다. 수세대가 지나 모두 그 동굴에서 나와 여여의 신하가 되었다. 금산의 양지바른 쪽에 자리를 잡고 철공으로 일했다. 이 금산의 모양이 투구와 같아서 투구의 이름을 따 돌궐이라 부르면서 그 이름이 되었다.

또 이르기를, 돌궐은 흉노족의 후예로, 흉노 북방의 색국에서 나왔다. 왕 아방보에게는 17명의 형제가 있었는데, 이 중의 한 사람 이질 이사도는 이리의 후손이었다. 이사도는 바람과 비도 다스렸다. 이 사람에게는 두 명의 아내가 있는데, 하나는 여름의 딸이고, 다른 하나는 겨울의 딸이다. 한 아내에게서 네 명의 아들을 두었는데, 그 한 명은 흰 기러기가 되었고, 또 하나는 검수 사이에 있는 아보수에 나라를 세우고 나라의 이름을 계골이라 하였다. 또 한 아들은 처절수에 나라를 세웠다. 장자는 천사처절시산에 거주하였는데 산 위의 아방보족이 이 장자를 왕으로 삼고 돌궐이라 이름하였다. 이가 곧 눌도육설이다. 눌도육에게는 열 명의 아내가 있었는데, 각 아들은 자기 어머니 종족의 姓을 가졌다. 이들 姓 가운데 하나가 아사나이다. 눌도육이 죽자 10명의 아들은 한 사람을 왕으로 세우기 원했다. 이들은 아사나의 아들이 가장 어렸으나, 그를 왕으로 세우고 아현설이라 했다.

부구트 비문에 부조된 이리와 소년　앙카라대학교 문과대학에 있는 이리와 소년상

5) 위구르 칸의 종족기원신화[4]

돌궐족을 멸망시킨 같은 튀르크계 종족인 우이구르족의 기원신화
역시 중국사서와 이슬람 문헌에서 발견된다. 다음 신화는 우이구르족
칸의 출생과 후대에 우이구르족이 오르혼 강 유역에서 호초로 이주가
게 된 배경을 묘사한 내용이다(Köprülü 1980: 59-60):

이디쿳은 우이구르어로 '지도자'란 의미로 고창국의 모든 지도자에
게 붙여진 관직명이다. 이전에 이들의 원거주지는 우이구르스탄이었
다. 그곳에는 '훌린'이라는 산이 있는데 그 곳이 투울라 강과 셀렌가
강의 원천지이다. 어느 날 밤 그 산의 한 나무 위에 하늘로부터 신비
한 빛이 내려왔다. 두 강의 사이에서 살고 있던 백성들이 이것을 주의
깊게 바라보고 있었다. 나무의 한가운데가 임신한 여인과 같이 불러
오는 것이 보였다. 그 빛은 아홉 달 열흘 동안 나무의 불룩한 곳 위에
머물렀다. 기간이 차자 나무의 불룩한 곳이 나눠지더니 그 안에서 다
섯 명의 어린이가 나왔다. 그 나라의 백성들이 이 아이들을 데려다가
키웠다. 이 어린이들 가운데 가장 어린 막내 아이의 이름이 '부우한'

---

4) 나무가 신성한 존재로 묘사되는 것은 튀르크 설화에 한정된 것은 아니다. 세계 모든 구비문
학과 구석기시대로부터 많은 건축과 벽화 등의 문양과 장식에서 다양한 나무 모티브들이 발
견된다. 성경의 창세기에서 선악을 알게 하는 나무인 선악과와 생명나무가 언급되듯이 선사
시대부터 수많은 민족에게 성스러운 나무에 대한 숭배가 있었다(골란 2004: 739). 유라시아
에 널리 분포되어 있는 샤머니즘에서도 나무는 신성한 존재로 등장한다. 샤머니즘적 세계관
에서 세계수 혹은 우주수로 표현되는 나무는 지구의 중심에 솟아 있고 나무의 꼭대기는 그
들의 절대신(神)인 바이 윌겐의 궁전에 닿아있다. 샤머니즘에서 세계수는 생명의 나무이자
영원불멸의 나무로 생명의 저장소 혹은 운명의 지배자로 묘사된다(엘리아데 1992:
250-252). 다른 튀르크족에서도 나무가 생명과 연관된 신성한 모티브로 사용된 것을 볼 수
있다. 알타이-아바칸 튀르크족의 인간창조신화에서 인간의 아홉 인종의 조상은 나무에서 비
롯되었으며 튀르크족 가운데 위구르족과 큽착족은 나무로부터 기원한 종족이다. 특히 사과
나무는 부부가 아이를 갖지 못할 때 가장 많이 사용되는 처방으로 사과나무 밑에서 뒹굴거
나 부부가 사과를 똑같이 나누어 먹는다(Alptekin 2007: 34, 김효정 (d) 2008:19).

이었다. 부우한이 성장하여 일할 나이가 되자마자 모두를 복종시키고 지도자가 되었다. 30세대가 훨씬 지난 후에 '율룬 테긴'이 지도자가 되었다. 그는 중국인들과 많은 전쟁을 하면서 마침내 이러한 상황을 마감하고자 그의 아들 '갈리 테긴'을 중국 왕가의 공주와 결혼시킬 것을 결정하였다. 이 공주는 그의 궁전을 '훌리 필리 폴리'라는 '하툰 다으(여인산)'에 지었다. 이 부근에 '탄르 다으(天山)'라 부르는 산의 남쪽에 작은 산 모양의 '쿠틀루 다으(축복의산)'라는 바위가 있었다. 중국의 사신들이 점술가들과 함께 '훌린'에 왔다. 그들은 '훌린'의 행복이 이 바위와 연관되어 있으며 이 나라를 약하게 하기 위해서는 이 바위를 없애야 한다고 이야기하면서, 테긴에게 중국과의 정략결혼의 대가로 그 바위의 한 부분을 그들에게 줄 것을 요청하였다. 테긴은 허락하였다. 그러나 바위가 너무 커서 땅에서 꼼짝도 하지 않았다. 바위의 주위에 장작을 쌓아 불을 지펴서 바위를 잘 달군 후에 매우 신 식초를 부어 잘랐다. 그리곤 그 자른 부분을 수레에 실어 중국으로 가져갔다. 이것은 굉장한 사건이었다: 그 나라에 사는 모든 새와 동물과 나무와 바위와 바람과 시내들이 자신들의 언어로 이 바위가 가는 것을 슬퍼하며 울었다. 이 일이 있은 지 7일 후에 테긴도 죽었다. 그 후 이 나라는 재앙으로부터 헤어나지 못하였다. 백성들은 하루도 편한 날이 없었다. 강과 호수는 마르고, 땅은 소산을 내지 않게 되었다. '율룬 테긴' 이후 대부분의 지도자는 일찍 죽었다. 이러한 상황에서 지도자는 나라의 수도를 호초로 옮길 수밖에 없었다. 후에 그들은 그들의 영토를 호초에서 베쉬발륵까지 확장하게 되었다.

6) 카자흐 칸의 종족기원신화

옛날에 알튼벨이라는 한 지도자가 있었다. 그에게는 카이슬르한이라는 아들이 있었는데 그의 부인이 또 잉태를 하였다. 날이 차 딸을 낳았는데 그 얼굴이 달과 같고 눈이 빛과 같았다. 한의 부인은 그 딸의 아름다움을 보고 기절하여 몇 날이고 깨어나지 못했을 정도였다. 그렇게 아름다운 딸의 소식을 들은 한은 그의 딸을 어느 누구도 보지 못하게 먼 곳에서 쇠로 만든 벽으로 둘러싸인 어두운 집에서 딸을 키우게 하였다. 그 딸이 자라 소녀가 되어 밖의 세상을 보고 싶다고 간청하자 유모는 몰래 소녀를 밖으로 인도하였다. 소녀가 밝은 세상을 보자 마치 몸이 녹는 것처럼 기절해버렸다. 밖을 구경한 바로 그날 알라로부터 한 빛에 의해 임신을 하게 되었다. 날이 지날수록 배가 불러오고 유모 역시 소녀가 임신한 것을 알게 되고 유모는 한에게 이 사실을 아뢰었다. 한은 이 소식을 듣자마자 딸을 죽이라 명하였으나 한의 아내는 황금 상자에 넣어 강물에 띄어 보냈다.

담다울 쏘크르와 톡타울 메르겐이라는 두 사냥꾼이 이 강의 한 가운데 금상자가 떠내려 오는 것을 보고 안의 것과 속의 것을 나누어 갖기로 약속하였다. 속의 것을 갖기로 한 톡타울 메르겐이 상자 속을 보고는 소녀의 아름다움을 보고 놀라며 자신과 결혼해줄 것을 청하였다. 소녀는 빛으로 임신하고 아버지의 명에 의해 죽임을 당할 뻔하였으나 어머니의 도움으로 이렇게 강 아래로 떠밀려 온 이야기를 하며 아기가 태어난 후 결혼할 것을 약속하였다. 소녀는 아들을 낳고 이름을 젱기즈라 지었다. 그 당시 나라의 왕이 죽고 마땅한 인물이 없을 때 젱기즈가 왕이 되어 나라를 잘 다스렸다.

젱기즈의 어머니는 톡타울 메르겐과 결혼하여 아들 셋을 두었는데 이 아들들이 젱기즈를 시샘하여 왕위를 찬탈할 것을 모의하였다. 이 때 젱기즈는 강 위의 할아버지 땅으로 가서 살 것을 결심하고 어머니와 작별하고 길을 떠났다. 젱기즈가 떠난 이후 그의 동생이 왕위에 올랐으나 나라를 잘 다스리지 못하였다. 그래서 백성들은 나라를 잘 다스리지 못하는 왕에 만족하지 못하고 젱기즈를 찾아 강 위의 땅으로 떠났다. 젱기즈를 찾은 백성들은 다시 자기들의 나라로 젱기즈를 데리고 왔으나 왕이 된 젱기즈의 동생과 그의 무리들이 젱기즈를 죽이고자 하였다. 이에 백성이 그의 어머니에게 선택권을 주며 어떤 아들이 왕이 되었으면 좋겠느냐고 묻자, 그의 어머니는 한의 자격을 검증할 테스트 안을 낸다. 태양을 향하여 공중에 활을 띄워 떨어지지 않고 공중에 떠 있는 활의 소유자가 왕이 될 것이라 하였다. 젱기즈와 함께 젱기즈의 동생인 세 아들 모두 공중에 활을 띄웠는데 젱기즈의 것만 공중에 떠 있고 나머지는 모두 땅에 떨어졌다. 이렇게 하여 젱기즈가 다시 왕이 되어 나라는 안정을 되찾고 부흥되기 시작하였다.

젱기즈도 결혼하여 세 아들과 딸 하나를 낳았다. 이웃국가 위림에서 젱기즈의 한 아들을 지도자로 삼기를 원하여 위림으로 한 아들을 보내고 크름에서도 젱기즈의 아들을 왕으로 삼기 원하여 다른 한 아들을 크름으로 보냈다. 칼리파 나라에서도 젱기즈의 나머지 아들을 지도자로 삼기 원하여 젱기즈는 막내 아들을 칼리파 나라의 왕으로 보내었다. 러시아에서도 젱기즈의 아들을 왕으로 삼고 싶어 했지만 젱기즈에게 아들이 더 없었기 때문에 딸 악비비를 러시아의 왕으로 보내었다. 젱기즈가 죽자 젱기즈의 아들과 딸들 모두 다른 나라의 왕이 되었기 때문에 카자흐족에게는 왕이 없었다. 젱기즈의 이복동생들의 후예들이 카자흐족을 다스렸다(Radloff(b) 1999: 333-340).

7) 바쉬쿠르트족의 기원신화

바쉬쿠르트는 터키어로 '머리'의 의미인 '바쉬(Baş)'와 '이리'라는 의미인 '쿠르트(Kurt)'로 이루어진 합성어이다. 한 종족의 이름이 된 바쉬쿠르트족의 기원은 그 이름에서 추측할 수 있듯이 이리와 연관되어 있다. 돌궐족의 기원신화에서 조상으로 등장한 이리는 튀르크 설화 가운데 다양한 역할을 담당한다. 오우즈 카간과 바쉬쿠르트족에게 있어 이리는 그들의 영토 영역을 확장시키는 길 안내자의 역할을 담당한다. 다음은 바쉬쿠르트족 가운데 구전되어 오던 설화로 바쉬쿠르트족이 큽착 튀르크족 그룹으로부터 분리되어 나오는 과정을 묘사한 것이다((İnan(c) 1987: 74):

옛날 극동의 어느 높고 눈 덮인 산들이 있는 지역에 한 조상에서 비롯된 바쉬쿠르트족, 노가이족, 카자흐족, 키르기즈족 등이 함께 살고 있었다. 따라서 그 당시에는 이 부족들은 바쉬쿠르트족, 노가이족, 카자흐족, 키르기즈족 등과 같은 구분은 아직 없었다. 어느 날 이들 사이에 분쟁이 일어났다. 하루는 이 종족의 지도자가 사냥을 하러 가는데 한 이리가 나타났다. 그 지도자가 이리를 따라 가다 보니 천국과 같이 좋은 숲과 강이 있는 굉장히 큰 산에 이르렀다. 그러자 갑자기 이리는 사라졌다. 그 지도자는 신이 자신에게 복을 주고 이곳으로 길을 인도하기 위하여 이리를 보내준 것으로 생각했다. 지도자는 자신

의 고향에 돌아와 자기의 종족만을 데리고 우랄산맥 부근으로 이주해
왔다. 이리가 지도자가 되어 이주한 종족이라는 의미로 바쉬쿠르트라
는 이름이 붙여졌다.

4. 아나돌루 설화

1) 메르신의 처녀성 설화

　메르신 지역의 어떤 왕이 있었는데 그 왕은 딸을 갖기 원했다. 그래
서 그는 매일 밤낮으로 신께 자신에게 딸을 줄 것을 기원했다. 간절한
왕의 소원이 이루어져 신은 왕에게 그렇게도 원하던 딸을 주었다. 어
느 덧 시간은 흘러 이 딸이 장성하여 세상에서 가장 아름다운 소녀가
되었다. 더군다나 공주는 동정심 많은 아름다운 마음의 소유자여서
백성들로부터 많은 사랑을 받았다.
　어느 날 이 소녀가 사는 마을에 아주 유명한 점쟁이가 왔다. 관습에
따라 궁전을 방문하고 먹고 마신 후에 점을 보게 되었다. 맨 처음으로
점쟁이는 공주의 점을 보기 원했다. 공주를 자기 곁으로 오게 해서 그
의 손을 자기 손에 놓고 그의 손바닥을 보기 시작했다. 그러자 점쟁이
의 얼굴빛이 새하얗게 변하면서 혀가 굳어져 아무 말도 하지 못했다.
잠깐 머뭇거리던 점쟁이는 분위기를 바꿔보려 했지만 이상한 낌새를
눈치챈 왕이 본 그대로 말할 것을 요구하자 점쟁이는 자신이 공주의
손에서 본 것들을 말하기 시작했다. "왕이시여, 공주님은 독사에 물려

죽을 것입니다. 그리고 이 운명은 어느 누구도 절대로 바꿀 수 없을 겁니다." 이 이야기를 들은 왕은 너무 슬펐다. 세상에서 가장 아름다운 외동딸이 죽을 거라는 생각을 도대체 받아들일 수 없었다. 며칠 동안 식음을 전폐하고 궁리하던 왕은 마침내 뱀들이 들어올 수 없는 장소를 찾아야 한다는 결론을 내렸다. 바닷속 한가운데 당장 성을 짓게 하고 뱀이 올수 없는 그곳에 공주를 가두어 살게 했다. 세월이 흘러 어느 날 뱃사공이 과일을 담은 바구니 속에 작은 독사 한 마리가 슬그머니 들어갔다. 뱃사공도 그날 과일바구니 속을 점검하는 것을 잊어버렸다. 과일 바구니를 공주의 앞에 놓자마자 숨어있던 뱀은 기다렸다는 듯이 과일바구니 속에서 화살처럼 튀어나와 공주의 팔을 물었다. 독사에 물린 공주는 그 자리에서 그대로 죽어버렸다. 왕이 뱀이 살 수 없는 바다 한가운데 성을 지어 공주를 가두어 살게 했지만 예언대로 공주는 독사에 물려 죽게 된 것이다. 이런 내용의 처녀성 이야기는 이스탄불 해협 입구에 있는 처녀성에 관한 전설로도 전해 내려온다.

2) 에페스의 7인의 잠자는 사람 설화

7인의 잠자는 사람 설화는 아나돌루 지방에서 수백년 동안 전해져오는 설화이다. 이 설화는 아나돌루 지방의 사람들에게 잘 알려져 있고 여러 유형의 설화들이 있다. 7인의 잠자는 사람 설화의 주된 내용은 기독교를 믿는다는 이유로 황제의 핍박으로부터 도망한 일곱 청년의 이야기이다. 최근에 설화에 언급되는 동굴이 에페스 지역이라는 것이 밝혀졌고 셀축지역의 자료에 근거하여 이 사건의 사실성을 더하

메르신의 처녀성
http://trkynnzlr.blogspot.kr/2012/12/anadolu-efsaneleri-
kiz-kalesi-efsanesi.html 2013.01.11

여 준다. 설화의 내용은 다음과 같다:

로마의 황제 데키우스 시대에 황제와 데키우스와 국민들은 기독교를 좋아하지 않고 박해하였다. 왜냐하면 로마시대는 태양신을 최고의 신으로 하는 다신교 신앙이었고 다신교의 제단에 제물을 바쳐야 했다. 그러나 기독교인들은 신들의 제단에 제물을 바치지 않았고 이로 인해 체포되어 투옥당해 사형에 처해졌다. 이때 기독교를 믿은 일곱 젊은이들이 군인들에 의해 미행당하고 있었는데 황제의 핍박을 피해 산으로 도망하여 한 동굴로 들어갔다. 그들에게는 키트미르라는 이름의 강아지도 함께 있었다. 황제는 이들을 죽이리라 다짐하고 동굴 입구를 막으라고 명령한다. 일곱 젊은이들은 동굴에 갇혀 긴 잠을 자게 된다. 그들이 깨어났을 때 얼마나 잤는지는 알 수 없었다.

오랜 시간이 지나 한 농부가 동물들을 가둘 외양간을 만들기 위해 이 동굴 입구를 열었더니 일곱 젊은이들이 있었다. 일곱 젊은이들이 동굴을 나와 시내에 가보니 십자가가 있는 수많은 건물들이 있는 것을 보며 어리둥절해 한다. 하나님께서 은혜로 그들을 수 십 년 동안 자게해서 그들이 겪을 핍박을 피하게 한 것이었다. 수십 년이 지나 기독교 박해가 끝이 난 것이다. 젊은이들은 데키우스 시대에 사용한 금화들을 사용하다가 사람들에게 알려지게 되었다. 교회의 신부는 젊은이들의 이야기를 듣고 기적이라 하였고 이 일곱 청년들은 카톨릭에서 성자로 언급된다.

3) 샨르우르파의 금장식 다리 설화

옛날 샨르우르파 지방에 홀어머니와 사는 가난한 솥 파는 청년이 있었다. 어느 날 그곳을 지나던 한 수도사가 그 청년의 일하는 모습을 보고 청년의 부지런함과 정직함을 기특히 여기며 청년에게 '내 고향은 풍요로운 곳이다. 원하면 같이 가자'고 했다. 청년은 이 말에 수도승과 함께 수도승의 고향으로 갔다. 어느 날 청년은 길거리에서 한 소녀를 만나 사랑에 빠졌는데 이 소녀는 카라코윤루 왕의 딸이었다. 청년은 이 소녀가 누구인지 알고 절망하여 식음을 전폐하고 누웠다. 수도승은 '좌절하지 말고 가서 딸을 달라고 하라'며 함께 성으로 갔다. 딸을 이 가난한 청년에게 주기 싫은 왕은 수도승과 청년에게 40일 안에 여러 지방의 다양한 선물들을 가져올 것을 조건으로 걸었다. 가난한 수도승과 청년이 이러한 요구를 들어주기는 불가능했다. 어쨌든

40일이 되자 수도승과 청년은 수도처에 있는 물건들과 금들을 실은 당나귀들을 데리고 왕에게로 갔다. 이것을 본 왕은 약속을 지킨 청년에게 자기 딸을 주었다. 수도승은 청년에게 첫날밤 두 번의 예배를 드리고 자신을 위해서도 기도할 것을 부탁했다. 청년은 예배는 드렸지만 기도하는 것을 잊어버렸다. 아침에 일어나 보니 청년은 자기 고향에 와 있고 공주는 일어나 보니 신랑이 사라진 것이다. 그리고 수도승은 어디론가 사라져버렸다.

세월이 지나 새색시는 아들을 낳았고 남편도 찾을 겸 성지순례를 하기 위해 길을 떠났다. 샨르우르파를 지날 때 쌈삿카프 앞에서 머물렀다. 그곳에서 도시를 지나는 시내가 넘쳐 집을 덮친 슬픈 사연을 들었다. 성지순례를 가기 위하여 갖고 온 모든 돈을 무너진 둑을 쌓기 위해 내놓기로 결심하고 거민들을 돕기 시작했다. 한편 그 청년도 둑을 쌓기 위해 왔는데 그때 공주의 아들이 울기 시작하더니 아무리 해도 그치지 않았다. 그러더니 이 청년 곧 아버지의 품에서 울기를 그치고 웃기 시작했다. 공주는 이 청년으로 아기를 돌보게 했다. 한편 청년의 어머니는 아들의 보따리에서 결혼식 때 사용한 은장식 결혼예복을 발견하고 이것을 고마운 공주에게 선물하기 위하여 공주에게 가져왔다. 공주는 이 선물을 보자 자신의 손으로 장식한 옷을 곧 알아보고 아기의 울음을 그치게 한 청년이 남편인 것을 알게 되었다. 둑은 완성되고 시내가 넘칠 위험은 사라졌다. 뿐만 아니라 다리도 놓여졌다. 다리가 무너지더라도 다시 새롭게 만들기 위해 공주는 다리의 맨 밑바닥에 금장식과 값비싼 보석들을 묻게 했다. 후에 이 시내의 이름을 카라코윤 시내, 다리도 금장식 다리로 불리게 되었고 청년과 공주가 죽은 후에 시냇가에 묻었다고 전해진다.

4) 알란야의 엘레니의 눈물 설화

알란야 성과 관련된 수많은 설화들이 있다. 이 가운데 하나가 비잔틴 제국 시대의 엘레니의 이야기다. 나라를 약탈한 도적인 바실리에게 지친 테크푸르는 도적을 사위로 맞이하기로 결심한다. 그러나 그의 딸 엘레니는 가난한 목동을 사랑하고 있었다.

엘레니는 아버지의 이러한 결정을 강력하게 반대하고 결코 도적 바실리와 결혼하지 않겠다고 한다. 아버지의 자존심을 건드리자 테크푸르 아르길레스는 그의 딸을 알란야성의 감옥에 가두게 한다.

엘레니의 좁고 좁은 감옥에는 담라타쉬 해변이 바라보이는 창문이 하나 있었다. 아버지 테크푸르는 엘레니에게 알란야의 아름다움을 보여주면 이러한 아름다움을 누리고 싶어서 아버지의 말대로 결혼해주리라 생각했던 것이다. 그러나 엘레니는 아버지의 뜻대로 하지 않고 목동을 포기하지 않으며 밤낮으로 흘린 눈물이 알란야성에서 담라타쉬까지 뻗어 있는 언덕을 적셨다. 언제부턴가 이 언덕에는 월계수와 석류나무와 올리브 나무가 자랐다. 그때부터 알란야 지방 사람들은 비가 와서 온 천지가 월계수 향기로 가득할 때 엘레니의 흐느낌을 느낀다고 한다.

5) 최켈레즈 산 설화

나무꾼과 소녀의 이야기는 수백 년 동안 사람들의 입에서 입으로 전해내려 온다. 아주 오랜 옛날에 찰은 칠레케즈 산기슭에 이루어진 아주 작은 곳이었다. 횔레케즈 산은 멘데레스 평원의 한 가운데 높이 솟아 있다. 이 산의 이름에 대하여 다양한 비슷한 유형 이야기들이 각색되어 내려온다:

오래전에 무슬림 튀르크인들이 불신자들과 전쟁 중에 있었는데 어느 때 그 전쟁이 이 산의 기슭에서 벌어졌다. 전투 중에 튀르크인 가운데 엘레즈라는 이름의 청년의 머리가 잘린다. 엘레즈는 이 상황에서 빨리 자기의 머리를 옆구리에 끼고 적진을 향하여 달리기 시작한다. 엘레즈의 지휘관은 엘레즈가 어려운 상황에 처해진 것을 보고 엘레즈의 뒤에서 소리친다: "엎드려 엘레즈, 엎드려 엘레즈!" 이 지휘관의 명령에 따라 엘레즈가 자기가 있는 그 곳에서 엎드리자마자 바로 그 영혼이 떠나가고 순교자가 된다. 세월이 흘러 엘레즈의 이야기를 기억한 사람들이 용감한 군인인 엘레즈가 순교한 이 언덕의 이름을 최켈레즈 산이라고 붙인 것이다.

6) 파묵칼레 설화

옛날 옛날에 최켈레즈산 밑에 사는 가난한 나무꾼 가정이 있었다. 이 가정에 딸이 하나 있었는데 얼마나 못생겼는지 남자아이 엄마들이 그 아이를 보고는 길을 돌아서 갈 정도였다. 가난함은 처녀에게 문제가 되지 않았고 못생긴 그녀의 모습을 비관한 처녀는 최켈레즈 산 밑의 구덩이에 자신의 몸을 던졌다. 산 아래의 구덩이에는 물이 고여 있어서 소녀는 오랫동안 물속에서 기절한 채 있었다. 바로 이 물은 지금의 파묵칼레 온천으로 그 못생긴 소녀를 아름답게 변하게 했다. 그곳을 지나가던 데니즐리 베이의 아들이 피투성이의 아름다운 처녀를 보게 되었다. 그 청년은 자기 말에 아름답게 변화된 나무꾼의 딸을 태우고 자기 집으로 데리고 갔다. 처녀의 건강이 회복되자 청년은 아름다워진 처녀에게 청혼을 하고 그들은 결혼했다. 이후로 여자들은 아름다워지기 위해 이 온천을 방문하기 시작했다. 지금까지 아름다워지기 원하는 모든 여인들은 이 물속에 자신을 내던진다.

7) 마니사의 우는 바위 설화

마니사의 남쪽에 있는 산을 씨필산이라고 부른다. 이 산 밑에는 모든 사람들의 주의를 끌 정도로 이상하게 생긴 바위 하나가 있다. 그 바위를 우는 바위라고 부른다. 어떻게 바위가 울 수 있는 건지, 마니사인들은 모두 이 바위가 운다는 것을 알고 이 바위의 슬픈 사연을 전한다 :

옛날에 이 지방에 너무나 아름다운 세 딸을 가진 엄마가 살았다. 엄마와 딸들은 이곳에서 편안한 삶을 살고 있었다. 어느 날 세 딸들이 꽃을 따며 들판을 뛰놀며 다니다 한 나무 아래에 쉬려고 앉았다. 그때 갑자기 독사 한 마리가 나타나더니 이 세 딸들을 모두 물어 세 딸은 모두 그 자리에서 죽어 버렸다. 세 딸 모두의 시신을 본 엄마는 슬픔으로 가득 차 흐르는 눈물은 강이 되어 흐르기 시작했다. 신은 이 엄마가 이렇게 슬퍼하는 것을 불쌍히 여겨 그를 돌로 만들었다. 오늘날 마니사인이 우는 바위라고 부르는 돌이 바로 이 세 딸의 엄마인 것이다. 이 바위는 해마다 어떤 특별한 날에 운다고 한다. 그 날이 바

마니사의 우는 바위
http://www.bilgiustam.com/aglayan-kaya-efsanesi-nedir 2013.02.23

로 엄마가 돌이 되기 전에 세 딸들의 죽음을 슬퍼하며 울던 날이라는 것이다.

이와는 달리 그리스 신화 속의 니오베와 관련된 설화가 있다:

테베의 여왕이며 탄탈로스의 딸인 니오베는 마니사에서 태어났고 여신 레토와 어린 시절을 이곳에서 같이 지낸다. 테베의 왕 암피온과 결혼한 니오베는 7명의 딸과 7명의 아들로 모두 14명의 자녀가 있었다. 어릴 때 친구이자 제우스의 아내인 레토의 자녀는 아폴론과 아르테메스 둘 뿐이었다. 시간만 나면 많은 자녀들이 있음을 자랑했고 이것은 자녀가 둘밖에 없는 레토를 질투나게 했다. 레토는 아폴론과 아르테메스에게 니오베를 벌주게 했다. 아폴론과 아르테미스는 니오베의 자녀들을 모두 화살로 쏘아 죽였다. 니오베는 아들딸들의 시신을 붙들고 밤낮으로 슬피 울었다. 마침내 제우스신은 니오베를 불쌍히 여겨 그녀를 고통에서 해방시켜 주기위해 니오베를 씨필산 기슭의 바위로 만들었다.

8) 무울라의 소녀해변 설화

무울라의 마르마리스 지방의 오르하니예 마을은 아름다운 자연경
관으로 유명한 곳이다. 시골의 한 가운데는 양말모양으로 600 미터 길
게 뻗어있는 해변을 소녀해변이라 한다. 소녀해변이 된 한 설화를 소
개한다:

아주 오랜 옛날 한 왕의 공주가 가난한 어부와 사랑에 빠졌다. 그러
나 왕은 자기의 딸을 이 가난한 어부에게 주기를 싫어했다. 한편 공주
는 사랑하는 연인과 몰래 몰래 만나고 있었다. 공주가 해변에서 빛을
밝히면 어부가 그 빛을 따라 와서 공주와 만나 밤이 새도록 사랑을
나눈다는 이야기를 왕이 듣게 되었다. 이 이야기를 들은 화를 내며 어
느 날 해변에서 연인을 기다리는 딸을 붙잡고 공주가 했던 것처럼 군
인에게 시켜서 빛으로 그 청년을 유인한다. 빛을 본 청년은 곧 사랑하
는 공주를 만나기 위해 빛을 향해 배의 노를 젓기 시작했다. 그 사이
공주는 사랑하는 사람을 구하기 위하여 군인의 손에서 빠져 나와 달
리기 시작했다. 그러나 연인의 배에 도달하는 것은 불가능했다. 공주
는 자신의 몸을 물에 던졌는데 그 때 갑자기 기적이 일어났다. 공주의
발이 닿는 곳 마다마다 모래로 변하고 뒤를 쫓는 군인들은 바다 속에
수장되고 있었다. 공주가 배가 도달하여 사랑하는 두 사람이 막 만나
려하는 그 순간 궁수가 그 청년을 향하여 활을 쏘았다. 그러나 활은
청년을 껴안은 공주에게 맞았고 공주가 밟는 곳마다 변한 모래는 공
주로부터 떨어지는 핏방울로 붉게 물들고 있었다. 청년은 상처입은
사랑하는 공주를 안고 어디론가 사라져 버렸다. 그 때 이후 어느 누구
도 그들에 대하여 들은 자도 그들을 본 자도 없다고 한다.

9) 샤흐메란과 로크만 헤킴 설화

옛날 옛날에 한 남자가 길을 잃어 잘못하여 수 천마리의 뱀이 사는 한 동굴에 들어가게 되자 뱀들이 그들의 왕인 샤흐메란에게 데리고 갔다. 샤흐메란은 그 남자에게 살려주는 대신 자신의 손님으로 머물러야한다고 말한다. 샤흐메란이 있는 곳을 아는 사람을 내보내고 자신의 생명이 위험에 빠질 것을 원하지 않았던 것이다. 샤흐메란은 그를 융숭히 대접하였고 그의 말 한마디에 두말 않고 모든 필요를 채워주었다. 그의 삶은 거의 샤흐메란과 이야기하며 지내는 것이었다. 아무리 편하다고 해도 현실 세상에서 동떨어진 한 동굴에서 지내는 삶에서 무료해진 남자는 어느 날 땅으로 돌아가고 싶다고 샤흐메란에게 허락을 구한다. 샤흐메란은 남자의 요청에 못이겨 남자를 완전히 신뢰하고 있으며 자신이 있는 곳을 어느 누구에게도 말하지 않을 것을 믿는다고 말하면서 가는 것을 허락한다. 단지 샤흐메란을 보았기 때문에 남자의 몸에 비늘이 생길 것이기 때문에 어느 누구에게도 그의 몸을 절대로 보여서는 안된다고 주의를 준다.

세상의 평범한 삶으로 돌아 온 남자는 샤흐메란을 본 것을 어느 누구에게도 말하지 않았다. 이 때 왕의 딸인 공주가 병이 들어 그녀의 치료를 위하여 온 나라가 시끄러웠다. 공주가 낫기를 가장 원하는 사람 가운데 한 사람은 신하들 가운데 가장 높은 자리에 있는 베지르였다. 그이 목적은 공주와 결혼하여 아들이 없는 왕의 뒤를 이어 나라를 손에 넣는 것이었다. 베지르는 모든 점쟁이들을 모아놓고 이 병을 고치기 위한 방법을 모색할 것을 명한다. 이 때 점쟁이 가운데 한 사람이 샤흐메란을 찾아 그를 죽이고 그의 몸의 어떤 부분을 끓여 마시게 하면 공주가 낫게 될 것이라고 말한다. 샤흐메란을 찾기 위해서는 몸에 비늘이 있는 사람을 찾아야 한다고 덧붙인다. 베지르는 나라 안의 모든 사람을 강제로 목욕탕에 데려가 벗겨서 샤흐메란을 본 사람을 찾아낸다. 남자는 샤흐메란을 죽이겠다고 호언장담하며 그 동굴로 간다.

남자는 샤흐메란에게 모든 사실을 털어놓고 어떻게 했으면 좋겠는지 묻는다. 샤흐메란은, "나의 죽음은 당신의 손에 달렸다는 것을 이미 알고 있었죠"라고 말하면서 자신을 죽여도 이것을 비밀로 지켜 줄 것을 요청한다. 왜냐하면 샤흐메란이 죽은 것을 알게 되면 세상의 모든 뱀들이 사람들에게 복수하려 할 것이기 때문이었다. 그리고는 "내 꼬리를 끓인 물을 베지르에게 먹여 곧 죽게 하시오. 몸뚱이를 끓인 물은 공주에게 먹여서 낫게 하시오. 내 머리를 끓인 물은 당신이 마시고 로크만 헤킴이 되시오"라고 말했다. 남자는 이야기를 맘 아파하며 듣는다. 샤흐메란이 뱀들에게, 남자의 손님으로 다녀올 것이고 아주 오랫동안 돌아오지 못하지만 걱정하지 말 것을 당부하고 땅의 세상으로 올라온다.

샤흐메란
http://sealdream.turkforumpro.com/t230-yilanlar-sahi-sahmeran 2013.02.04.

남자는 샤흐메란이 이야기한대로 하고 베지르는 죽고 공주는 병이 낫
고 자신은 로크만 헤킴이 된다.

10) 아다나 돌다리 설화

아다나의 세이한 강 위의 돌다리와 관련된 여러 이야기가 전해 내
려온다. 그 가운데 하나는 다음과 같다:

아다나에 한 파디샤가 있었다. 파디샤의 딸 때문에 뱀 한 마리가 죽
게 되었다. 자신의 짝을 잃은 뱀이 이 딸을 죽이기 위해 쫓아다녔다.
파디샤가 이것을 알고 자신의 딸을 친척 집에 숨겼다. 집에서 나가는
것이 금지된 소녀는 어느 날 견디지 못하고 정원에 나가서 사과를 따
기 시작했다. 이것을 본 뱀이 그 소녀를 물어 죽였다. 파디샤는 자신
의 딸을 추모하며 돌다리를 만들었다. 오늘날에도 주민들은 이 다리
가 무너졌을 때 다리를 새로 만들 수 있게 하기 위하여 파디샤가 다리
밑에 돈과 금을 묻어 두었다고 생각한다.

5. 튀르크족과 한민족과의 관계

지하자원의 고갈로 세계는 아직 개발되지 않은 지하자원을 확보하
는 데 혈안이 되어 있다. 우리나라 역시 자원이 풍부하지 않은 국가로
서 천연자원 및 원자재 확보를 위하여 세계 여러 나라들과 긴밀한 자
원외교를 펼치고 있다. 튀르크족이 집중되어 있는 중앙아시아는 석유,

천연가스, 광물자원 등 지구상에서 유일하게 개발되지 않은 지하자원의 보고로 '제2의 중동'으로 불리며 세계열강들의 이목이 집중되어 있는 지역이다. 역사상 튀르크족의 무대였던 중앙아시아는 고대로부터 동양과 서양을 연결하는 교통의 요지로서 문명과 문화 창달이 이루어져 온 '실크로드 길'의 지역으로서 정치, 경제, 사회, 문화적으로 매우 중요한 지정학적 위치에 있다. 한편 튀르크족의 거주지들은 한민족(韓民族)과 한국어의 기원과 형성에 실마리를 제공해줄 수 있는 알타이계 민족들의 무대로 한국학과 직접 연결되는 곳이다. 또한 중앙아시아 튀르크족 국가들에는 1937년 스탈린에 의해 강제 이주당한 고려인(까레이스키)이 40만 명 이상 거주하고 있다. 가속화되는 지구촌화·세계화 시대에, 21세기에 지구상의 마지막으로 남은 지하자원의 보고이자 언어·문화적으로 한민족과 밀접한 관계에 있고 지정학적으로 매우 중요한 위치에 있는 튀르크족들을 이해하려는 노력이 요구된다. 통일한국과 '철의 신(新)실크로드'를 바라보며 한민족과 튀르크족의 여러 국가들과의 정치·경제·문화적 관계는 더 긴밀해질 것이며 급변하는 글로벌 세계질서 안에서 전략적 ·동반자적 협력관계가 공고해질 것이다.

한편 터키는 G20 국가로 최근 괄목할만한 경제성장을 보이고 있으며 갈수록 국제사회에서 그 위상이 높아져 가고 있다. 중동과 북아프리카의 혼란 속에 터키의 민주주의와 이슬람이 공존하는 유일한 국가로 이슬람 세계의 국가 모델이 되고 있다. 또한 터키의 아시아와 유럽 및 아프리카와 인접하기 쉬운 지정학적 위치는 무역전쟁에서도 특별한 이점을 갖고 있다 하겠다.

참고문헌

골란, 아리엘 저. 정석배 역. 2004. 『선사시대가 남긴 세계의 모든 문양』. 푸른 역사.

김효정(a). 2001. "돌궐족의 기원신화에 나타난 이리 모티브 소고". 『한국중동학회논총』, 제 22-2호. 한국중동학회. pp. 241-258.

김효정(b). 2003. "튀르크 문학과 신화". 『한국튀르크학회논총』, Vol. 5 2002/2003. 한국튀르크학회. pp. 11-30.

김효정(c). 2003. "튀르크 문학에 나타난 신화적 상징으로서의 이리 모티브 연구". 『한국중동학회논총』, 제 23-2호. 한국중동학회. pp. 85-102.

김효정(d) 2008, "튀르크 설화 속의 종족기원 모티브 연구". 지중해연구 제10권 3호, pp. 1-32.

엘리아데, 미르치아 저. 이윤기 역. 1992. 『샤머니즘 고대적 접신술』. 까치.

Alptekin, Ali Berat. 2007. "Türk Halk Hikayelerinde Ağaç Motifi Üzerine". Milli Folklor 76. pp. 33-39.

Arat, Reşid Rahmeti. 1987(1936). "Oğuz Kağan Destanı". Makaleler I. Ankara. pp. 605-672.

Baykara, Tuncer. 2007. Türk Kültürü. İstanbul.

Duymaz, Ali. 2007. "Oğuz Kağan Destanından Dede Korkut Kitabına Kaharmanların Beden Tasvirlerinin Sembolik Anlamları Üzerine Değerlendirmeler". Milli Folklor 76. Ankara. pp. 50-58.

Eberhard, W. 저. Nimet, Uluğtuğ, 역. 1942. Çin'in Şimal Komuşuları. Ankara.

Ekici, Metin. 2006. "Destanlar". Türk Edebiyatı Tarihi. İstanbul. pp. 83-108.

Esin, Emel 2004. Orta Asya'dan Osmanlıya Türk Sanantında İkonografik Motifler. İstanbul.

Golden, Peter B. 2006. "Türkler : Kökienleri ve yayılma alanlarn". Türk Edebiyatı Tarihi. İstanbul. pp. 35-61.

Günay, Umay. 1992. Türkiye'de Asik Tarzi Şiirler Geleneği ve Rüya Motifi. Ankara.

Güngör, Harun. 2002. "Eski Türklerde Din ve Düşünce". Türkler 3. Ankara.

Kafesoğlu, İbrahim. 2002(1980). "Eski Türk Dini" Türkler 3. Ankara.

Köprülü, Fuad. 1980. Türk Edebiyatı Tarihi. Ankara.

Radloff, Wilhelm(a) 저. Ekinci, Arzu 역. 1994. Sibirya'dan III. İstanbul.

Radloff, Wilhelm(b) 저. Ekinci, Arzu 역. 1999. Türkelrin Kökleri Dilleri ve Halk Edebiyatı. Ankara.

Reichl, Karl. 1992. Turkic Epic Poetry, Traditions, Forms, Poetic Structure. New York.

Roux, Jean-Paul. 2002. Türklerin ve Moğolların Eski Dini. İstanbul.

Tekin, Talat. 1993. Hunların Dili, Ankara.

İnan, Abdülkadir(a). 1954. Tarihte ve Bugüne Şamanizm. TTK. Ankara.

İnan, Abdülkadir(b). 1987(1926-1928). "Türk Rivayetlerinde 'Bozkurt'". Makale ve İncelemeler, TTK, Ankara. pp. 69-75.

İnan, Abdülkadir(c). 1987(1954). "Türk Destanlarına Genel Bir Bakış". Makale ve İncelemeler. TTK. Ankara. pp. 220-237.

Ögel, Bahaeddin(a). 1989. Türk Mitolojisi I. Ankara.

Ögel, Bahaeddin(b). 1995. Türk Mitolojisi II. Ankara.

http://tr.wikipedia.org/wiki /Türk dilleri ailesi 2012.012.22

http://www.umich.edu/~turkish/langres_turkic.html 2012.11.20

http://trkynnzlr.blogspot.kr/2012/12/anadolu-efsaneleri-kiz-kalesi-efsanesi.html 2013.01.11

http://sealdream.turkforumpro.com/t230-yilanlar-sahi-sahmeran 2013.02.04.

http://www.bilgiustam.com/aglayan-kaya-efsanesi-nedir 2013.02.08

http://turkoloji.cu.edu.tr/CUKUROVA/makaleler/32.php 2013.02.13

http://www.ezberim.biz/turk-tarihi/229245-anadolu-efsaneleri/ 2013.02.16

http://www.kulturelbellek.com/destanlarin-milletin-hayatinda-yeri/ 2013.02.16

제2부

유럽 신화

최자영

그리스 신화의 사회적 의미

1. 고대 그리스 신화의 시기적, 지리적 범위

　고대 그리스 신화는 약 2천 년간 지속되었다. 위로는 기원전 15세기 경에 비롯된 미케네 문명의 선문자 B에 이미 보이기 시작했다. 그리고 아래로는 기원후 4세기 로마 제국의 수도를 콘스탄티노플(그리스

초록색 부분: 고대 그리스인들이 지중해에서 활동했던 영역
분홍색 부분: 페니키아인들의 세력 근거지(약 B.C.400년 이전 시대).

도시: 비잔티움)로 천도한 콘스탄티누스 대제에 의해 기독교가 수용
되던 시대 이후까지 그 흔적을 찾아볼 수 있다. 그동안 그리스 신화는
다른 사회적 현상처럼 변천을 거듭했으나, 우월한 여러 신의 모습은
그대로 남아 전했다. 신화는 시대, 장소, 도시들마다 여러 가지로 번안
되었으나, 이미 기원전 8세기 호메로스의 서사시가 보여주고 있듯이,
신의 사회는 통일된 계보에 편입되는 가운데 전승되어 왔다.

지리적으로 '고대 그리스'라고 함은 그리스 본토만을 칭하는 것이
아니다. 우리가 익히 들어 알고 있는 아테네와 스파르타는 물론 그리
스 본토의 남부 펠로폰네소스 반도의 아르카디아, 중부의 테살리아,
북서부의 에피로스(이피로스)는 물론, 소아시아와 흑해의 연안, 남부
이탈리아 및 시켈리아 등을 광범하게 포함한다.

또 '그리스인'이라고 통칭 할 때도 한 가지 특징으로 파악할 수가
없고, 호메로스의 영웅-전사로부터 기원전 4세기 아리스토텔레스가
말하는 '정치적 동물(politikon zoon)'에 이르기까지 다양하다.

2. 그리스인의 범신(汎神)적 믿음과 제사의 세속성

오늘날 종교는 교회와 같은 어떤 특별한 기관을 빼놓고는 논할 수
가 없다. 즉 종교란 하나의 체계적 의식, 성문화된 행동 양식, 신조,
계시, 성경(정전) 등을 갖추고 있다. 조직적 교회에서 볼 수 있는 일신
교적 계시종교에서는 초월적인 신과 우리가 사는 세상 사이, 또 종교
적인 것과 세속적인 것, 신자와 비신자 사이가 분명히 구분된다. 이런

종교적 믿음은 체계적 신학을 기초로 하는 확실성에 의지하고, 구체적 형태로 신과의 관계가 설정되고 신과 인간 간의 관계가 형성된다.

그런데 고대 그리스에는 그런 것이 없다. 종교라기보다는 그냥 제사(latreia)라고 할 수 있으며 일정한 장소가 아니라 어디서나 존재하는 것이었다. 그와 관련하여 쓰이는 용어로 '생각하다(nomizein)', '섬기다(therapeuein)'의 뜻은 '관습을 따르다', 혹은 '신을 섬기다', 혹은 '신을 섬기고 마땅한 명예를 드린다'라는 뜻이다. 이것은 반드시 '믿는다(pisteuein)'고 말할 수 있는 것이 아니다.

고대 그리스에서 사람들이 격식에 맞는 제사를 드리고 공공 축제에 참가하는 것은 자신뿐 아니라 사회 전체에 기여하는 바가 있다고 생각을 한다. 그래서 그 조상들도 같은 제사를 드렸으며, 자신이 속한다고 생각하는 사회의 사람들이 함께 제사를 드린다. 그러나 그는, 테오프라스토스가 말하는 '데이시다이몬(신을 겁내는 사람)'처럼, 어떤 신이 구석에서 자신을 보고 있는 것이 아닐까 하고 줄곧 생각할 수도 있다. 또 우리는 신의 존재에 대해서 아무것도 알 수 없다고 말한 프로타고라스 같은 회의주의자일 수도 있다. 또 크리티아스 같은 극단적 무신론자도 있다. 그는 30인 참주(B.C.404~403년 민주정체 붕괴 후 잠시 집권했음) 가운데 한 사람이었는데, 신이란 사람을 복종하도록 하기 위해서 만든 인위적인 상징물이라고 주장했다. 그런데 이런 무신론은 '믿음이 없다'는 개념과는 다른 것이다.

그런데 이런 크리티아스가 도시의 축제에 참가하지 않는다든지, 개인적이거나 공공의 의무에 따르지 않는다거나 격식에 맞는 제사를 이행하지 않는다고는 생각하기 어렵다. 종교라기보다 제사 봉헌 같은 이런 신성과 제사장의 기능과 관련된 이런 것에 대해서 개인이 아주 비판적인 입장에 있다 하더라도 종교를 가진 사람과 같은 정도로 충돌하는 것은 아니다. 현재 우리는 어떤 사람에 대해 '비(非)신자'라고 규정할 수 있고, 비신자는 교회의 성원이 아니며 신도 집단에 속하지 않음을 뜻한다. 그러나 고대 그리스 종교의 핵심은 다른 곳에 있다.

크리티아스는 귀족 집안 출신으로 여전히 일상의 제사에 다른 대중과 함께 할 수 있으며, 이것은 위선이 아니었다. 오히려 만일 크리티아스가 제사의 의무를 이행하지 않으면 그는 아테네인도 아니고 그 어떤 것도 아닌 것이 된다. 크리티아스가 살았던 세상은 천지가 종교적인 것, 즉 일상에서 특별한 의식에 이르기까지 모든 삶이 신과의 연관 속에서 이루어지던 곳이었다. 그러나 종교가 개인이나 공공의 삶에서 갖는 의미는 인간의 삶이 이런 저런 구체적 실제를 초월하는 것을 뜻한다.

그리스의 신은 유일, 영원, 절대적, 완전, 초월적, 천지의 창조주 같은 그런 것이 아니다. 신성, 초자연, 믿음, 교회, 성직자와 같은 종교적 요소는 입지, 의식, 역할 등에서 다른 사회적 구성요소들과 분명히 구분된다. 신성함은 세속적인 것과 구분되고, 초자연은 자연으로 부터, 신앙은 비신앙으로부터, 성직자는 세속인으로부터 구분되며, 이와 같이 신은 창조주로서 창조된 세상과 구분된다. 그러나 그리스인의 다신은 이런 신과 다르다. 세상을 창조한 것은 더욱 아니며, 세상 안에서 세상에 의해 생긴 것이다. 카오스와 가이아를 조상으로 하여 세대로 이어진다. 그 초월성이란 상대적인 것으로, 사람보다는 더 우월하나, 사람과 같이 이 세상의 일부를 구성한다.

이것은 사람과 신 사이, 자연과 초자연을 서로 나누는 그런 근본적인 차이에 대한 개념이 없음을 뜻한다. 양자는 서로 연결되어 있으며 서로 협조한다. 달, 태양, 새벽, 낮, 밤, 산, 동굴, 샘, 강, 숲을 보고 인간이 느끼는 것을 신도 똑같이 느낀다.

그러면 사람과 신의 차이는 무엇인가? 양자는 서로 연결되어 있으며, 서로 협조한다. 달, 태양, 새벽, 낮, 밤, 산, 동굴, 샘, 강, 숲을 보고 인간이 느끼는 것을 신도 똑같이 느낀다. 사람은 힘, 아름다움, 친절, 용기, 명예, 영광 그 어떤 것이라도 다 시들어서 완전히 사라진다는 것이다. 좋은 것에는 반드시 좋지 않은 것이 따른다. 죽음이 없는 삶, 늙음이 없는 젊음, 피곤이 없는 노력, 질곡이 따르지 않는 이윤, 고통이 없는 즐거움은 없다. 그러나 신은 불사의 행복과 권능을 가진 존재이다. 인간의 정신은 현재의 사물을 발견하고 지각할 수 있으나 미래를 알 수 없고 또 죽음이 앞에서 기다린다.

사람이 죽지 않는다는 것은 4세기 아테네인들에게는 이상한 것으로, 플라톤이 『파이돈』에서 소크라테스의 입을 빌려서 '사후에 죽지 않는 넋(psyche)이 있다'라고 말할 때 극도의 조심성을 보였다. 이 넋은 불사이므로 일종의 신으로 '다이몬(daimon)'이라 불렀다.

그리스인의 신에 대한 믿음은 세상을 부정하는 것이 아니라 그것을 미학적으로 만든다. 인간은 신에게 복종하며, 독자적으로 존재하는 것이 아니다. 출생도 조상을 거슬러 올라가면 땅에서 나왔거나 신에 의해 만들어졌다. 인간은 태어나면서부터 빚을 지고 있는 것이다. 신에게 진 빚을 갚기 위해서 전통적으로 내려오는 의식을 거행하고 마땅한 존경을 드린다.

틸리온(Germain Tillion)의 말에 따르면,[1] 사람은 두 가지 종류가 있는데, 누가 문을 두드릴 때 여는 사람과 열지 않는 사람이 그것이다.

문을 여는 사람은 빛을 지고 있다는, 즉 은혜를 입고 있다는 느낌을 가진 사람이다. 고대 그리스인들도 누가 문을 두들기면 문을 열어야 한다고 말했다. '당신의 정원 문을 두들기는 늙은 부랑자가 실제로는 당신이 빛을 지고 있음을 느끼고 있는지 아닌지를 보러 온 신일수도 있기 때문'이라는 것이다. 이렇게 은혜를 느끼는 마음가짐은 그리스인뿐 아니라 신약성경에 전하는 다음과 같은 예수의 발언에도 견주어 볼 수 있다.

> 볼지어다, 내가 문밖에 서서 두드리노니 누구든지 내 음성을 듣고 문을 열면 내가 그에게로 들어가 그와 더불어 먹고 그는 나와 더불어 먹으리래(요한 계시록 3:20).

그리스인의 믿음은 한편에 공포를 가지고 있으나, 동시에 그런 것과는 완전히 다른 모습을 가진다. 그것은 인간이 신과 접촉하고 함께 거하며, 신에 대한 제식은 인간의 삶을 새로운 미, 은혜, 행복한 공존의 차원으로 승화시킨다. 행진, 찬가, 춤, 운동경기와 시 경연대회, 제물로 쓰인 고기를 함께 먹는 연회를 통해 인간은 신을 섬긴다. 제식과 종교적 축제는 인간이 불사의 신에게 마땅한 보답을 하는 동시에, 신이 가사(可死)의 인간에게 일상 삶의 장식으로서 은혜, 화합, 기쁨을 가져옴으로써 신의 영광에서 나오는 빛을 인간들에게 비춘다.

플라톤(Nomoi, 803e)이 말하듯이, 완전한 인간이 되기 위해서는 어릴 적부터 제물을 바치고 노래하고 춤추는 데 동참해야 한다. 신은 우리가 그냥 축제에 동참하기만 하는 것이 아니라 노래와 춤을 통한 즐

---

1) J.-P. Vernant, *Anamesa ston Mytho kai tin Politiki* [*Entre mythe et politique* (Seuil, 1995)], trans. M. I. Giosi (Athina, 2003), p.692에서 재인용.

거움을 갖도록 한다(ibid. 653e). 제사뿐 아니라 축제를 통해 신은 인간 과 연결된다.

인간은 신에게 종속되어 있으며, 신의 허가 없이는 아무것도 세상 에 존재할 수 없다. 그러나 이것은 인간이 신의 노예라는 말은 아니다. 그리스인은 다른 민족과 자신을 구분하여 '자유인'이라고 했다. 다른 이민족이 쓰는 '신의 노예'라는 말은 제사를 관장하는 직책을 맡은 사 람에게도 쓰지 않는다. 자유와 노예는 서로 대립적인 개념으로 한 사 람에게 두 개가 동시에 나타나지 않는다. 자유인은 노예가 아닌 것이 다. 혹은 자유인이기를 포기하지 않는 한 노예가 될 수가 없다고 하겠 다. 신의 세계는 상당히 멀리 떨어져 있고, 인간 세상은 독립해 있다 고 할 수 있다. 그러나 신과 인간의 거리는 인간이 무력하거나, 보잘 것없거나 아무 쓸모없다고 느낄 정도로 먼 것은 아니다. 평화나 전쟁 에서나 노력의 결실, 즉 부, 명예를 얻고 인정을 받거나, 화합하거나, 정신적인 덕, 재주를 갖기 위해서는 인간은 스스로 노력하며, 그런 가 운데 신의 호의가 깃들 가능성이 있다.

원근(遠近), 걱정과 기쁨, 종속과 독립, 포기와 적극성, 이런 양극 가 운데 개인이 위치하며, 신에 대한 그리스인의 믿음도 이 가운데서 작 용한다. 양극 간의 거리는 넓으나, 초월의 세계가 아니다. 이것이 고대 그리스인이 신에게 드리는 제사가 상징하는 신과 인간의 관계이다.

고대 그리스인의 믿음은 종교라기보다 제사이다. 베게티(Mario Vegetti)[2] 에 따르면, 고대 그리스에는 일정한 체제, 격식화된 행위, 혹은 사회의 구체적 실제와는 분명히 구분되는 조직화된 깊은 신념을 복합적으로

---

2) M. Vegetti, "O anthropos kai oi theoi", in *O Ellinas anthropos*, ed. J. -P. Vernant (Athina, 1996), pp.379-424.

갖춘 종교에 상응하는 것이 없다. 사실 종교적인 것은 다소간에 어디에나 볼 수 있으며, 모든 일상의 실제가 다른 영역과 같이 종교적인 면을 가지고 있다. 자질구레한 것에서 더 중요한 사안, 또 사적인 것에서 공공의 영역에 이르기까지 다 그러하다.

이와 관련하여 베게티는 다음의 한 일화를 전한다. 이방인들이 헤라클레이토스를 만나서 왔더니, 그가 아궁이에 불을 지피려고 하고 있었다. 헤라클레이토스가 그들을 안으로 들이면서 "이런 데(즉, 음식을 만드는 불)에도 신들이 있소"라고 했다고 한다.[3] 종교적인 것이 모든 곳에 존재하므로, 일정한 장소나 일정한 형식으로 존재하는 것이 아니다. 이런 고대 그리스인들에 대해 '종교'를 논할 때는 우리가 통상 생각하는 종교의 개념을 유보해야 한다.

믿음이라는 개념에서는 더욱 그러하다. 우리의 경우에는 신도와 비신도의 구분이 분명하다. 한 교회의 구성원이 되고, 종교적 의무를 규칙적으로 실천하며, 교리에 맞게 온전한 진실 속에 믿음을 표현하는 것, 이것이 종교적 의무가 갖는 세 가지 면이다. 고대 그리스에는 이와 유사한 것은 찾아볼 수가 없다. 성직자도 교리도 없는 것이다. 신에 대한 믿음은 한 교회와 연결되는 것이 아니고, 또 한 전체로서의 가치체계를 받아들이는 것도 아니고, 주어진 계시에 대한 논의나 비판을 하게 되는 것도 아니다. 그리스인이 생각하는 신의 개념은 분명하게 이해되는 수준의 것이 아니다. 알아야 될 대상으로서의 신은 없으며, 교리 신조 같은 것이 하나도 없다. 그래서 종교와 무관하게 종교와 충돌하지 않고, 하나의 시각을 소개하고 진실을 파악하려는 연

---

3) Aristoteles, *Peri zoon morion*, I.5.645a. 참고. 아리스토텔레스에 따르면, 별이나 천체를 연구하는 것과 같이 사소한 사물도 똑같이 중요하다는 뜻이라고 한다.

구의 형태와 사고의 목적이 자유롭게 전개될 수 있다. 그래서 고대 그리스인은 믿음(신앙)과 믿음의 부재(불신앙) 가운데서 선택을 해야 하는 경우에 봉착하지 않는다. 탄탄한 전통으로 내려오는 신을 존경하고, 또 조상은 물론 전체 사회 구성원들이 지내는 제사의 효력을 믿으면서도, 그리스인은 극단적 형태로 그 믿음을 표시할 수도 있다. 마치 테오프라스토스가 풍자하는 미신적인 사람, 혹은 신이 있는지 없는지 알 수 없다고 한 프로타고라스 같은 회의주의자, 혹은 신이란 사람을 복종시키기 위해서 만들어진 개념이라고 주장한 크리티아스와 같은 완전한 무신론자 같은 것이 그러하다. 이런 무신론은 기독교인의 경우와 같은 믿음의 결여를 뜻하는 것이 아니다. 상식적 수준의 회의는 그 본질이 무엇이든 고대 그리스적 믿음의 개념을 해치는 것이 아니다. 크리티아스가 제사의식에 참여하지 않는다든지, 제물을 바치는 것을 거부한다고 생각할 수가 없는 것이다. 그것은 위선 때문이 아니다. <종교>는 도시국가의 생활과 밀접하게 연관되므로 그로부터의 절연은 사회로부터의 단절을 의미하기 때문이다. 이방인의 경우 도시국가의 종교 및 그 도시로부터 외부에 머무는 자가 있다. 그 이유는 불신이나 회의 때문이 아니라, 오르페우스교 같이 단순히 다른 종류의 신비적 종교집단에 속하기 때문이다.

3. 종교와 자유의 삶

1) 종교집단을 통한 사회적 관계의 수렴

가톨릭 교회가 정신적으로 사회 전체를 지배하던 때가 있었다. 20세기의 혁명은 신도들의 반대편에서 '무신론자'라고 자처하는 이른바 '자유주의자', '자유사상가'들이 출현한 것인데, 이런 것으로 인해 무신론자들이 사회적인 공공의 삶을 방해하는 것이 아니다. 폴란드에서 볼 수 있는 것은 민족주의가 종교적 부흥과 궤를 같이하는 것이다. 외세에 맞서 가톨릭교도가 아니었던 사람들까지도 교회를 민족주의의 핵으로 삼게 되었다.

종교적 공감대가 사회의 단결을 촉진한다는 것은 분명하다. 자신과 자식, 손자와의 관계 등이 그런 것이다. 한편에 개인의 정체성, 사회적 관계, 공동체 이념과, 다른 편에 종교적 의식은 서로 아주 긴밀한 관계에 있고, 후자는 아주 다양한 형태들로 표현될 수 있다. 예를 들면, 인도에서 탄생과 존재를 설명하는 것은 '빚'이라는 개념이다. 나는 나 아닌 어떤 것, 부모, 조상 등과 같은 것에 매어 있다는 것이다.

종교는 언어와 같다. 세상과 우리 자신을 이해하는 동시에 다른 사람과 의사소통하고 또 열 의사소통의 단계를 넘어서는 곳으로 나아가는 수단으로서, 언어는 자신이 아닌 어떤 것을 뜻하는 기호(semeia)의 사용을 전제로 하는 것이다. 우리가 사용하는 '기표(signifiant)'가 있고, 또 우리가 절대로 직접 이해할 수 없는 '기의(signifié)'가 있다.

종교는 아마도 언어의 '또 다른 한 면'과 같은 것으로, 의사소통, 사

회적 관계 수렴의 수단으로서, '상징적 기제(leitourgia, function)'라고
할 수 있다. 연장, 작품, 학문적 이론 등에 부딪칠 때 언제나 의미 없는
기호나 물질을 만나게 되나, 그 이면에서 다른 것을 발견하게 되는 것
과 같이, 종교의 경우도 이와 유사하다.

　무슬림이 근대화를 거부하는 것은 그 이면에 철저하게 자신들의 삶
의 방식이 파괴되는 데 대한 거부감이 있다. 또 어떤 유대인에게 신앙
심도 없는데 왜 유대교회당(Synagoge)을 가느냐고 물었더니, '거기서
다른 유대인들을 만나기 때문'이라고 대답한 것도 종교가 사회적 관
계 수렴의 수단임을 보여준다.

2) 전체주의에 대한 도전

　모든 사회적 삶은 일정한 사물을 의식(제도)화하는 것이다. 또 이것
이 종교로 승화되려면 이른바 '초월적'인 것이 더해져야 한다. 단절에
의해 불완전에서 완전으로, 상대적인 것에서 절대적인 것, 경험적인
것에서 초월적인 것으로 나아가야 한다. 이런 초월의 상태가 일상적
인 것으로 표현할 수 없는 것으로서 신으로 표상된다. 자신과 자연,
자신과 타인들, 또 자신과 자아 사이에 중개의 영역이 필요한 것이다.
　이 초월적 신성은 종교에 따라 다양한 형태를 지닌다. 고대 그리스
인들에게 신은 불사의 초월적 존재이나, 사람은 가사의 불행한 존재
이다. 그런데 **이들 신은 사람에 비하면 초월적이지만 자연을 초월한
것은 아니고 그 안에서 태어나고 사는 존재**이다. 종교의 기능은 절대
자의 존재 혹은 그 이면을 통해 사회적 순종, 귀소 본능, 타인과의 교

류 지향성, 자기 정체성 발견, 외세에 대한 방어 및 억압에 대한 저항
까지 포괄한다. 그래서 폴란드에서는 권력으로부터 분리되어 존재하는
교회가 사회를 완전히 통제하려는 전제적 권력에 저항하는 핵이 되었다.
　맑시즘적 입장에서는 독단적 교리를 통해 이루어지는 초월적 존재의
수용은 불가피하게 전체주의로 화할 위험성을 안고 있다고 본다. 교리
를 빌미로 사회를 변형시키는 수단이 될 수 있기 때문이다. 그러나 체
코의 지식인들에 따르면, 초월성은 한 객관적 존재가 아니라 동력(움직
임)을, 그리고 본질이 아니라 유한성의 초월을 뜻하며, 또 그런 초월성
만이 개인의 자유를 보증하는 것이다. 그 자유는 객관적인 의미가 아니
라 각 개인 내부적으로 매사의 한계성과 자신에게 가해지는 억압에 대
해 반성하는 능력을 찾도록 하는 것이다. 구체적 분석이 불완전하다 하
더라도, 종교적 의식이 갖는 확실한 역할은 자유를 확보할 수 있는 좋
은 길이 되며, 전체주의에 저항하는 튼튼한 바탕이 된다는 것이다.

3) 주체적 인간에 의한 '의미'의 부여

　믿는다는 것은 신자가 되는 것과 판이하게 다르다. 공산주의의 경
우 이념에 관련해서는 '비신자'이나 정치적 틀 속에서는 '신자'가 되
는 것이다. 전쟁 전 공산주의자들은 부득이 한 이념을 지지하는 정치
적인 신자들이었다. 이념적인 신자가 된 것은 그 후에 자신의 존재를
정당화하기 위한 것이었다. 완전히 비신도이면서 죽을 때까지 신도로
서 행세한다. 믿음을 가졌는지는 불확실하나 교회장(葬)으로 치르는
경우도 그와 같다.

학문, 논리, 세상은 개인에게, 특히 그 의미(noema)에 대해 말해주는 것이 없다. 학문은 사건, 원인 등에 대해 의견을 말해줄 수 있으나, '의미'에 대한 것은 말해주지 않는다. 과거로의 회귀가, 우리를 억압에서 자유의 영역으로 옮겨줌으로써, 우리 각자에게 '의미'의 문제를 해결해줄지도 모른다는 생각을 우리는 해본 적이 있었다. 이 '의미'는ー고대 그리스인들이 가졌던ー비종교적 지혜와 관련된 것인데, 이것을 다시 회복할 수 있을지는 미지수이다. 이것은 우리가 우리 존재, 우리 우정(사랑), 우리 사고방식에 주는 의미를 말하는 것인데, 그 의미는 우리가 주는 것일 뿐, 세상도 삶도 저절로 어떤 의미를 갖는 것이 아니다. 그 의미는 초연함을 통해 얻는 한 지혜이며, 각자가 원하는 것, 할 수 있는 것으로서 완전히 개인적인 것이다.

이 지혜는 스피노자를 닮은 시각으로 종교에 시사하는 바가 있다. 왜 사물이 이렇게 생겼는지, 그 의미가 무엇인지를 보고, 관찰하고, 찾고, 의문을 가지기 때문이다.

게르네(L. Gernet)에 따르면, 인간의 존재는 절대적인 어떤 것, 혹은 인간성 내부에 언제나 구비되어 있거나 아니면 신의 의지 같은 것에 의해 처음부터 부여된 하나의 진실이 아니라는 점을 강조한다. 대신 인간은 불확실한 갈등, 지속적으로 확실하지 않은 승리를 추구하며, 그에 대해 우리 각자가 매순간 주체가 되는 것이다. 자유와 지혜의 가치, 이 가치는 비중이 큰 만큼 인간 존재처럼 잘 망가지고 불안, 불완전한 그런 것을 구현하면서, 게르네가 말하는 고대 그리스는 과거의 유산, '엘리트' 학자들이 연구하는 학문의 대상이 아니라 언제나 열려 있는 것, 연구실뿐 아니라 공공의 영역에서 지속적 노력에 의해 일상에서 그 결과가 증명되는 것이다.

4. 자연 속에 있는 그리스의 신과 인간의 동질성

세상, 즉 신도 그 일부를 이루는 그런 세상은 신이 혼동(Chaos) 같은 것에서 만들어낸 것이 아니라, 직접적, 내부적 방법으로 신이 나타난 그런 것이다. 아리스토텔레스 이후 밀레토스 학파에 대해 쓰기 시작한 용어인 '자연(physis)'이라는 개념은 오늘날 자연과학, 물리학에서 연구 대상으로 하는 것과 닮은 것으로, 식물의 성장, 동물의 움직임, 황도에서의 별의 움직임 같은 것이다. 또 자연은 영혼이 깃든 힘으로, 돌조차 정신(pneuma와 psyche)이 있다. 전자는 우리가 물리라고 부르고, 후자는 정신이라고 부르는 것이다. 아리스토텔레스는 잠자리의 꿈의 현상을 두고, 자연을 다이모니아(daimonia)로 정의했다.[4] 사람의 정신은 다이몬(daimon 정령)이므로, 신적, 자연적인 것과 인간적인 것 사이에 속한다.

이미 6세기 말부터 세상은 아름다운 것, 코스모스(cosmos)로 불렸다. 그 뜻은 질서와 조직으로 은혜와 아름다움을 수반한다. 다양한 모양 속에 통일성, 시간의 흐름 속에 항상성, 조합된 부분들 간의 조화를 이룬 세상은 놀라운 보석, 교묘한 작품이다. 우리가 파악하려고 하는 세상은 연구나 개념을 통해서 잡히는 것이 아니다. 우리 자신과 신에 대한 우리들의 이해의 기반으로 삼는 데카르트의 '생각하다(cogito)', 혹은 각 개인은 존재 이유를 설명하는 영화를 담은 활동사진같이 문도 창문도 없는 폐쇄된 공간에 갇혀있는 고립된 입자로 보는 라이프니츠의 견해만큼 그리스의 문화에 낯선 것은 없다. 세상을 '이해한다'

---

4) Aristoteles, *Pei tis kath' hypnon mantikis* 2.463b 12 – 15.

는 것은 생각 속으로 그 존재를 넣는 것이 아니다. 생각 자체도 세상 속에 있는 것이고, 세상 속에서 발현된다. 인간은 세상에 속하며, 거기서 태어나서 세상에 반영되는 것 혹은 동참함으로써 세상을 이해한다. 인간의 존재는 처음부터 '세상 속의 한 존재'인 것이다. 만일 세상이 ― 오늘날 가정하듯이 ― 인간 바깥에 있는 것이라면 완전한 객체, 증가하고 움직이는 존재라면 주체로서, 판단과 사고의 존재로서의 인간은 의식 이외에는 세상과 적절하게 소통할 수가 없었을 것이다. 그러나 고대 그리스인들에게는 세상이 객관적인 것, 물질과 정신, 자연과 심리를 가르는 괴리 속에 인간과 단절된 외부적인 것이 아니다. 모든 사물을 섭렵하는 살아 있는 세상을 통해 인간은 깊은 사회적 관계 속에 놓이게 된다.

제라르드 시몬(Gérard Simon)[5]이 정의한바, '세상 속의 존재'와 '스스로 고립된 존재'를 이해하기 위해서는 고고학적 복구를 위한 절연의 방법이 필요하다. 그 한 예가 시각(視覺)의 이론이다. 고대 그리스인들은 데카르트 이후로 요즈음 우리가 이해하는 방법과 다르게 시각의 능력을 설명했다. 데카르트는 시각 현상을 세 가지 단계로 설명했다. ① 파동이든 빛의 입자이든 간에 자연 현상으로서의 빛, ② 시각 기관으로서의 눈, 이것은 어두운 방 같은 것이거나 망막에 물체의 상을 비추는 작용, ③ 시각의 대상을 느끼는 순전히 정신적인 작용이 그것이다.

반대로 고대 그리스인들에게는 시각이란 것이 보는 자와 보이는 대상 사이에 이루어지는 작용 이외의 다른 것이 아니다. 그것은 동시에

---

5) J. ― P. Vernant, *Anamesa ston Mytho kai tin Politiki* [*Entre mythe et politique* (Seuil, 1995)], trans. M. I. Giosi (Athina, 2003), p.240에서 재인용.

일어나는 것이 아니라면, 적어도 연속적이다. 만물을 비추는 태양은 하늘에서 만물을 보는 눈이다. 그 눈이 우리를 보고 있다면, 태양과 같은 그런 한 종류의 빛을 발산하기 때문이다. 대상이 발산하여 보이도록 하는 광선은 눈에서 발산되어 사물을 볼 수 있는 시선과 성질상 동일하다. 빛을 보내는 객체와 그것을 받아들이는 주체, 즉 광선과 시선은 실제로 동일한 범주에 속하는 것으로, 자연적인 것과 정신적인 것의 대립 혹은 자연-정신의 동시적 작용이라는 개념을 거부한다. 빛이 시각이며, 시각이 빛이기 때문이다.[6]

아리스토텔레스는 '꿈에 대하여'[7]에서 말하기를, '만일 시각이 대상에 의해 영향을 받는다면, 그와 같이 시각도 모든 발광체가 그러하듯이 영향을 미친다'고 한다. 시각도 발광 및 유색의 대상 물체의 범주에 들어가기 때문이다. 그 한 증거로서, 한 여인이 월경 때 거울을 보면 거울 표면이 핏빛 오점으로 얼룩지는데, 만일 거울이 새것이면 그 흠을 지우기가 어렵다고 한다.

눈의 시선과 대상이 발산하는 빛 사이에 유사성이 있다는 설명은 플라톤에게서도 볼 수 있다. 그는 신이 어떻게 인간에게 빛을 발하는 눈을 주었는가에 대해 다음과 같이 설명한다. 우리들 내부에 순수한 빛이 존재하도록 하고, 눈으로 그것이 흐르게 한다. 낮의 빛이 있을

---

6) Charles Mugler는 "La lumière et la vision dans la poésie grecque [고대 그리스 시에 보이는 빛과 시각]"(*Revue des études grecques*, 1960, pp.40-70)이라는 글에서 시각 작용을 표현하는 동사들(blepein, derkesthai, leussein)이 시각의 대상뿐 아니라 화살을 쏘는 것같이 눈이 발산하는 불타는 것 같은 빛의 성질을 전제로 하고 있다고 한다. 자연 현상인 이런 광선들은 그 속에 시각을 일으키는, 이른바 감정, 정신적 현상을 포함하고 있다. 즉 공포, 맹렬 살해의도를 표현하는 단어들과 함께 쓰인다. 즉 시각이 대상에 닿을 때, 보는 이가 시각을 통해 표현하려고 하는 감정을 대상에 전달한다는 것이다.

7) Aristoteles, *Peri enypnion*, 2.459b 25-31.

때 시선이 눈에서 나와서 유유상종으로 바깥의 빛과 연결된다. 이렇게 한 합성체가 형성된다. 그 동질성으로 인해 합성체는 어디서나 같은 성질을 띤다.[8]

즉 고대 그리스인은 시각을 세 가지 다른 범주, 즉 자연의 실제, 시각 기관, 개념의 작용이 아니라, 한 가지 종류의 광선으로 설명한다. 이 광선은 우리 눈에서 나와서 우리 생체 바깥으로 연장된다. 그래서 낮의 빛과 만나고 또 대상이 발하는 광선과 만나서 연속적이고 동질적인 합성체를 형성하며, 이것은 우리 자신에게 속하는 동시에 자연의 세상에 속한다. 그 대상이 아무리 멀리 있어도 그 광선은 낮의 빛과 시선과 만난다. 우리 시각은 세상의 일부로 그 안에서 작용한다.

기원후 3세기 플로티노스에 따르면, 정신은 정신 바깥에 존재하는 것을 본다. 만일 대상의 모양이 정신 안에 있는 것이라면 바깥을 볼 필요가 없을 것이기 때문이다. 그리고 정신 안에 각인하기 위해서는 바깥에서 들어오는 흔적만 보는 것이 되었을 것이다. 더구나 정신이 대상과의 거리를 알고 있어야 한다. 어떻게 정신 안에 존재하는 대상이 정신에서 얼마나 멀리 떨어져 있는지를 볼 수 있나? 또 거리를 인지할 수 있다고 가정하더라도, 하늘같이 넓은 대상의 경우 정신 속에 각인된 것이 어떻게 그렇게 넓을 수 있나? 또 더 심각한 문제는 대상이 정신에 각인되는 것에만 한정할 경우, 대상 그 자체가 아니라 표상과 그림자만 보게 되어서, 대상과 우리가 보는 것은 같은 것이 아니게 된다.[9]

고대 그리스인들도 인간의 자연성이라는 것은 무생물, 동물, 신과는 다르다는 점을 논했으나, 그것이 인간을 자연에서 분리시키는 것

---

8) Platon, *Timaios*, 45b ff.
9) Protinos, *Enneades*, 4.6.1.14 – 32.

은 아니다. 인간 인식의 독자성을 뜻하는 세계 데카르트의 '생각하다'
는 그리스인이 자신과 세상을 이해하는 방식과는 다르다. 소크라테스
가 '너 자신을 알아라(gnothi sauton)'라고 한 것은 데카르트적인 개념
이 아니라 반대로 '너의 한계, 네가 죽을 운명이라는 것, 감히 신과 같
이 되려고 하지 말라'라는 뜻이기 때문이다.

플라톤이 전하는바, 소크라테스가 알키비아데스와 한 대화에서 시
각과 정신에 대해 다음과 같이 말한다.

> 우리 앞에 있는 사람의 눈을 쳐다보면, 거울처럼 그의 눈동자에 우리 얼굴이
> 반영된다. … 눈이 다른 눈을 쳐다보면 그 시선은 거기서 자기 자신을 보게
> 된다. … 마찬가지로 정신도 자신을 돌아보기 위해서는 다른 이의 정신을,
> 그것도 특별한 정신적 덕, 지혜, 혹은 그에 유사한 다른 어떤 대상이 깃들어
> 있는 부분을 쳐다보아야 한다(Platon, Alkibiades, 133a~b).

지혜를 닮은 대상은 어떤 것인가? 그것은 지적인 것, 수학적 지식
혹은 에우세비오스의 이름으로 전해오나 첨삭된 것이 틀림없는 말에
따르면, 신이다. 그 이유는 정신의 수준을 평가하려는 사람에게는 인
간을 더 잘 반영하는 것이 신이기 때문이며, 또 신 안에서 우리는 자
신을 더 잘 이해할 수 있기 때문이다. 그 다른 대상이 무엇이든 간에,
우리 정신은 그 안이 아니라 바깥으로 그 정신과 닮은 다른 것을 봄으
로써 자신을 돌아볼 수 있고, 그것은 마치 눈이 그 밖에 있는 발광의
대상을 볼 수 있는 것과 같다. 다른 사람의 눈과 정신을 바라봄으로써
우리의 얼굴과 정신을 보고 인지할 수 있게 된다. 우리 각자의 정체성
은 다른 사람과의 관계에서, 시각의 교차와 말의 소통에 의해 발견되
는 것이다.

이런 점에서 또 시각 이론에서 플라톤의 입장은 의미심장하다. 그는 정신을 인간 정체성의 중심 요소로 둠으로써 새로운 입장을 취하면서도 개인에 대한 그리스적인 이해를 벗어나지 않는다. 우리의 정신이 우리 인간을 독특하게 만드는 것이 아니고, 반대로 그것은 다이몬(daimon)으로서 비인격적, 초인간적이다. 우리 안에 있는 것은 이미 우리 '바깥'에 있으며, 그 작용은 인간으로서의 우리 정체성을 보증하는 것이 아니고, 우리를 세상과 신의 질서 속에 끌어들이면서 정신으로부터 우리를 해방시키는 것이다. 또 '보는 것'과 '보이는 것', '나'와 '타인'은 상보적 관계에 있으므로 우리 자신의 생각과 우리 자신과의 관계가 언제나 직접적이고 자동적으로 이루어지는 것이 아니다. 그래서 이런 관계는 수치와 명예의 문화에 근본적인 특징을 제공한다. 이런 문화는 죄와 의무의 문화와 반대되는 것인데, 후자는 부득이 도덕적 주체, 각 개인의 개인적 의식을 전제로 하고 있다. 여기서 고대 그리스에서 사용된 '명예'라는 용어에 주의할 필요가 있다. 명예는 개인에게 주어지는 사회적 인정이다. 이름, 혈통, 친족관계, 명예로운 집단에서 차지하는 지위, 개인적 덕성을 주장할 수 있는 특권과 특별한 공적, 총체적 덕성-미, 용기, 예절바름, 자중-이런 것들은 모양, 입지, 행동 등을 통해 모든 이의 눈에 엘리트, 훌륭한 사람(kaloi k'agathoi), 덕 있는 사람(aristoi)에 속한다는 것이 드러난다.

개인은 사회적 가치로부터 단절되지 않고 시민 사회로부터 인정받는 존재로서, 사회는 물론 세상과 연관을 맺고 있다. 그러나 현대는 개개 인간은 사회는 물론 세상으로부터도 단절된 것으로서 이해된다.

5. 그리스의 신들: 자연, 사회, 인간 감정의 현상들

1) 올림포스의 신들

데메테르 여신

세상을 삼분하여 각각 지배하는 것은 제우스, 포세이돈, 하데스이다. 제우스는 올림포스 산 꼭대기에서 세상을 지배한다. 그는 하늘의 주인, 신과 사람들의 아버지, 자신의 누이이며 골 잘 내는 헤라의 정식 남편이다. 그 제우스의 형제로 포세이돈과 하데스가 있다. 포세이돈은 물, 강, 바다, 세상을 둘러싸고 있는 오케아노스(대양) 강, 지진 등을 지배한다. 그리고 하데스는 죽은 자들의 세상인 저승(冥界)을 지배하는데, 그곳은 빛이 전혀 들지 않는 곳이다.

헤라의 자매인 동시에 세상의 한 부분을 지배하는 세 분 신의 누이로 데메테르가 있다. 데메테르는 대지의 생산물과 문명의 결실을 인간에게 가져온다. 그녀의 딸 페르세포네는 명계 하데스의 아내로 비의(秘儀)에 입문한 사람들에게 이 세상과 저승에서의 행운을 약속한다.

그 다음 세대로 제우스와 요정 레토의 자식인 아폴론과 아르테미스가 있다. 아들인 아폴론은 예언자, 음악가, 저주, 살해, 신성모독을 정화하는 신, 신실한 약속과 권리의 보장을 상징하며, 손에는 활과 리라(현금)를 들고 있다. 아르테미스는 그 딸로서 처녀 사냥꾼으로 야생 자연의 은혜와 위험성을 함께 뜻한다. 그녀는 모든 동물, 소년과 소녀들을 관장한다. 황무지와 도시의 변경을 쏘다니며 그 힘은 그 변경을 넘어서지 않는다. 짐승과 인간 사이, 야생과 문명, 사춘기와 성인 간의 경계를 감독하며 그 경계를 탈피하여 변모하는 것을 돕는다.

결혼을 거부하는 두 명의 순수한 여신이 있는데, 아테나와 에스티아이다. 제우스의 사랑하는 딸로 그의 머리에서 완전 무장을 한 채로 탄생한 처녀 아테나는 평화나 전쟁 그 어느 때이거나 행운을 관장하며 그것은 현명하고 세심한 배려를 필요로 하는 것이다. 이런 정신적 능력은 그녀의 어머니인 대양의 메

태양과 리라(현금)의 신 아폴론

아르테미스 여신

아테나 여신　　　　　　　　　　에스티아

티스로부터 물려받은 것이다. 제우스는 메티스를 닮기 위해 그 물을 다 마셔서 마침내 그녀를 임신하게 했다.

데메테르와 헤라의 자매인 에스티아는 아르테미스, 아테나와 함께 영원한 처녀로 남아 있는 세 번째 여신이다. 에스티아는 각 가정의 아궁이(화로), 또 도시의 중심으로서의 에스티아, 즉 행정관청(프리타네이온)에 머문다. 그 역할은 인간 집단, 즉 가족, 정치적 공동체를 유지하며, 탄탄한 중심, 가정의 부가 쌓이는 은밀한 '중심'을 감독한다.

에스티아와 연관이 있으면서 그 반대편에서 그녀를 보충하는 것이 헤르메스이다. 헤르메스는 제우스와 요정 마이아 사이에서 난 사생아이다. 여행을 즐기고 그가 지키는 염소와 양들처럼 언제나 부동(浮動)하여 멈추지 않는다. 목자, 안내자, 전령, 외교관, 사자, 거래의 신으로 계약, 약속과 재산의 교환, 갖가지 종류의 동의와 양도 등의 준수를 감독한다. 성벽과 문, 국경을 넘나들면서 죽은 자들의 지배자로서 산 자들을 인도하며 깨어 있는 사람을 잠들게 한다. 신방의 밤을 감독하여 처녀가 부인이 되도록 하며, 신의 세계에서 인간에게로 연결되는 길을 왔다 갔다 한다.

헤파이스토스와 아레스는 제우스와 헤라의 고명 자식이지만, 행운을 갖지 못했다. 헤파이스토스는 절름발이로 바로 걷지를 못한다. 재주꾼, 장인, 불의 주인, 마술사인 그는 기묘하게도 아름답기 그지없는 아프로디테를 아내로 하고 있다. 아프로디테는 신, 인간, 동물 그 모든 것의 사랑과 정욕을 지배하며, 암수가 교미하게 하고 상반된 것을 조화시킨다.

아레스는 경솔하고 전쟁의 거친 삶, 살육, 맹목적 전쟁의 야만성을 상징한다. 이렇게 편을 가르고 갈등을 관장하는 아레스도 은밀하게 침방에서 아프로디테와 짝을 짓는다.

디오니소스는 신들이나 인간에게 공히 특별한 데가 있는 신이다. 제우스와 인간 세멜레 사이에서 난 그는 신들 가운데서도 '기묘한' 신으로서 자리매김하고 있다. 그는 인간에게 무섭기도 하고 사랑스럽기도 한 신이다. 광기, 모독, 범죄를 부추기기도 하고, 또 일상에서 벗어난 기쁨과 행복을 가져오기도 한다. 여인들은 가정과 가족, 의무를 팽개치고 무리를 지어 산을 쏘다니며 방종한다. 남자들도 술을 마시고 취하며 변장을 하고는 일상의 행동에서 벗어나 방일한 무리들에게 합류한다. 이렇게 디오니소스는 극장, 가상이 진실로 표현되는 무대의 신이다. 그가 나타나는 곳마다 환상과 실제의 구분이 사라진다. 또 사람과 신의 경계는 물론 동물과의 경계도 허물어지는 것이다. 디오니소스를 따르는 신도들은 모든 존재가 은혜로운 공동체를 이루는 상태, 황금의 시대로 돌아가게 된다. 그러나 디오니소스를 멸시하는 사람들은 그 신이 혼동을 야기하므로 야만의 상태로 들어가게 된다.

디오니소스(오른쪽)와 사티로스(왼쪽)

2) 그 밖의 신들

‘게(Ge)’ 혹은 ‘가이아(Gaia)’는 혼동(카오스)의 시대에 세상의 어머니였는데, 거기서 하늘(우라노스)과 바다가 분리되어 나와 질서의 세계(코스모스)가 생겼다. 그 딸인 ‘(우라니아) 레아’[하늘과 땅의 딸]가 형제간인 크로노스와 동침하여 올림포스의 가족 신들이 생겨나게 되었다. 그녀의 두 자매는 테미스(Themis)와 테티스(Tethys)였는데, 테미스는 자연과 인간세상에서 공히 굳건히 질서를 유지하고, 테티스는 오케아노스(대양)의 아내로 물결같이 끊임없이 부유하여 꾸준한 테미스와 반대가 된다.

아폴론의 아들 아스클레피오스는 의술의 신이다. 또 헤르메스의 아들 판은 시와 목양(牧羊)을 관장하는데, 반은 사람이고 반은 염소의 모

의술의 신 아스클레피오스

아프로디테에게 구애하는 목양의 신 판

양을 하고 있다. 그는 그 아버지 아폴론 및 아르테미스의 친구들인 요정(님프)을 공격하고, 디오니소스를 따르는 사티로스(희극의 신)들과 실레노스(사일렌)들과 어울린다. 판의 피리소리는 은혜로운 사랑을 불러일으키나, 신ー짐승을 복합한 이 신은 가공할 상태를 초래하기도 한다.

레아를 복제한 것 같은 존재로 대모(大母)로서의 키벨레가 있는데, 이 여신은 자신을 위한 고유한 제식 풍습과 함께 소아시아에서 들어왔다.

인간이었던 헤라클레스는 살았을 때의 공적으로 인해 사후에 신이 되었다. 그는 영웅인 동시에 신으로서 모든 고대 그리스 도시들에 의해 숭배되었다.

키벨레 여신(루브르 박물관)

　　공식적 제식과 함께 다소간 주변적이고 은밀한 형태의 여러 종교적 집단이 생겨났다. 이 중 일부는 엘레우시스 비의(秘儀)와 디오니소스 제식과 같이 다소간 도시국가의 제도 속에 편입된 것도 있다. 그러나 오르페우스교는 이방적인 것으로 남게 되었다.

엘레우시스의 데메테르 신전 터

(아테네에서 서쪽으로 약 22km 떨어진 곳에 있는 엘레우시스에서는 데메테르를 위한 은밀한 제식이 행해졌다.)

음악(리라[현금])의 신 오르페우스

(태양신 아폴론을 섬기다가 분노한 디오니소스의 광신도인 여성 마이나스들이 그를 찢어 죽였다.)

6. 그리스 신화의 특징

이렇게 많은 그리스의 신들은 유일신교의 종교와는 다른 점이 있다. 어떤 신도 전지전능하지 않으며, 초월적이지 않고, 세상 바깥에 존재하는 것이 아니다. 신들은 각기 상호 동의에 의해 자신의 고유한 권리의 영역, 기능, 독특한 작용 방식을 가지고 있다. 질서와 항상성의 보증자로서 제우스는 신들을 생(괴로움), 로(늙음), 병, 사(죽음)를 겪지 않도록 함으로써 땅위 사람과 동물의 영역으로부터 구분했다. 신들은 영원한 생명과 하늘에서 빛나는 별처럼 드러나지 않는 명예를 지닌 채, 언제나 젊은 불사의 존재이다. 그들에게 드리는 인간의 제사는 힘 없는 자가 힘 있는 자에게, 손아랫사람이 손위 분에게 드리는 것이다.

고대 그리스의 종교는 특별히 구분되는 '종교'가 아니라, 공사(公私)의 기본적 요소를 구성하는 모든 체제, 실제 내부에서 작용한다. 그래서 고대 그리스에는 종교와 세속 간에 단순 분명한 구분이 없다. 즉 완전히 접근이 금지된 신전에서부터 완전한 개방은 아니라 해도 신들이 다소간 인간이 이용할 수 있도록 허용하는 신전에 이르기까지 각양각색으로 '어느 곳에나 존재하는 신전'이 있는 것이다. 이런 종교에서 계시, 예언자, 구세주 같은 개념은 낯선 것이다. 언어, 몸짓, 생활방식, 사물을 이해, 파악하는 방식에서부터 규칙과 가치관까지, 한마디로 다른 문화 구성 요소들과 병행하는 집단적 삶의 실제와 준거로서의 그리스 문화의 구성요소들을 모두 포함하는 전통에 기반을 두고 있다. 이런 종교적 전통은 신화, 제식, 신의 모습의 구체화(신전 내부에 거대한 인간상을 안치함)는 독단적 교리와는 무관하다. 위계조직,

교회, 성직자(종교적 계급이 정치적 계급에 상응하고, 정치적 위계가 종교적 가치를 가지는 것), 언제나 진실이 담겨 있는 것으로 간주되는 성경 같은 것이 없다. 또 의심을 받지 않는 종교적 신앙의 전체 체계를 신도들에게 강요하는 어떤 '믿음'도 전제하지 않는 것이다.

고대 그리스의 도시국가들의 신앙에서 종교적 믿음과 제식은 이중의 측면을 갖는다. 첫째, 그것은 일정한 영역을 가진 도시국가로서 각 인간 집단의 특징을 표현하고, 그 도시국가는 전통적이며 종교적으로 각기 고유한 신과 영웅의 보호를 받는다. 각 도시국가는 많은 신들과 그 땅에 묻힌 많은 영웅들을 가지고 있다. 그들의 역할은 시민단을 강화하고, 또 도시의 중심과 농촌의 전원을 가진 도시국가의 영역을 한 전체로서 다소간에 구심점을 마련하며, 다른 도시국가로부터 사람과 영토를 지키는 것이다. 둘째, 여러 지역에 뿌리를 둔 서사시의 발달, 델포이 같은 거대한 신전 및 신탁소의 건설, 올림피아스와 같은 경기대회 및 범(汎)그리스적 축제의 설립과 함께 종교적 믿음과 제식은 신화적 전통, 정기적 축제, 온 그리스인들이 인정하는 신전을 수립 강화한다.

그러나 이 모든 것이 한층 더 직접적이고 개인적인 신과의 관계를 모색하는 고대 그리스의 '신비주의'로 통한다. 그런데 영생의 갈망, 또 삶으로부터 혹은 사후에 자유를 얻으려는 소망, 개개 인간 내부에 존재하는 그런 신적인 속성은 고대 그리스인의 종교적 지혜와는 반대되는 것이다. 후자에 따르면 아무도 감히 신을 모방하려는 마음을 먹어서는 안 되기 때문이다.

7. 그리스 신화의 사회적 역할

그리스 신화는 신과 영웅에 관한 이야기로, 고대 그리스 도시국가들은 이들에게 제사를 드렸다.

신화를 통해 종교적 믿음이 있으나, 여기에는 금기나 의무가 없다. 또 종교적 바탕을 설정하고 신도들에게 정신적으로 확실성을 인증하는 성직자 집단도 없다.

신화는 그런 것과 너무 다르게 예부터 내려오는 것을 신화로 받아들이는 것이다. '신화적'이라는 것은 가변적이고 환상적인 것으로, '신화(mythos)'란 용어 자체가 실제에 속하는 것의 반대편, 증명이 되는 것과는 반대편에 있다. 그래서 신이나 신의 삶에 관한 신화 이야기는 너무 자유롭고 여러 가지의 각색이 가능하며, 이런 것이 아무런 문제를 일으키지 않는다. 이런 고대 그리스의 신화와 그런 의미의 종교는 오늘날 우리에게는 문학과 같은 것이다.

그렇지만 이런 고대인들의 신화가 환상의 산물이라든가, 개인적이거나 집단적인 환상의 산물이므로 종교적으로 비중이 없다든가 혹은 노파가 들려주는 이야기보다 더 믿음을 불러일으키지 못한다든가 하는 뜻은 아니다. 반대로, 고대 그리스 신화를 이해하기 위해서는 기존의 사고방식에서 탈피해야 한다는 뜻이다. 우리가 부득이 받아들이고 있는 신화적 설명과 진실을 다루는 설명 사이, 신화화와 신에 대한 진실 간의 차이와 마찬가지로 문학과 종교 사이의 서로 타협할 수 없는 구분이란 고대 그리스인에게 존재하지 않았다. 교회, 성직자 집단, 신학자, 계시에 의해 주어지는 교리, 성경 같은 것이 없는 종교 조직에서는 누가 신에 대해서 말을 할 수가 있나? 그것은 구전으로 전해 내려와서 기원전 6세기경에 처음으로 기록되어 우리에게까지 전해진 것으로, 그리스 사회의 다양한 형태의 문화의 산물이다. 처음에는 서사시, 그 다음 서정시, 무창, 찬가, 비극 및 희극 시인의 작품, 이 모든 것들이 플라톤을 포함한 고대 그리스인들이 '시인(詩人 poietes)'이라고 부르는 사람들의 범주에 들어간다.

고대 신화는 본질상 시(詩)이며, 신에 대한 이야기는 전설(mythos)이다. 극적인 일화들로 신의 탄생부터가 그 행위들로 이어지며, 그들이 갖는 힘은 그들 상호 간의 관계, 맡은 역할, 권력의 종류, 그들 간 반목과 화합, 땅과 인간사에 개입하는 나름의 방법 등에 반영되어 있다.

고대 그리스인의 신화는 이런 관점에서 존재하는 것이며, 신의 형상적 재현도 존재하게 된다. 그들은 인간의 형상을 하고 있다. 그 조직, 신들 사회의 균형은 반목, 전쟁도 불사하는 충돌, 사랑, 결혼식, 출생, 신들 간의 친족관계, 권력투쟁, 실패와 승리, 쌍방 간 힘의 과시, 동맹자 간 명예의 분배를 통하여 노정된다. 그럼에도 아폴론의 모습은 젊고 아름답고 균형 잡힌 힘의 인간 이외의 다른 것이 아니다. 이런 요소들은 시인들이 올림포스의 신들에 대해 즐겨 묘사하는 스캔들에 어울리는 것이 아니다.

신의 영역에 속하는 것을 인간의 언어로 표현하는 이야기들은 말 그대로 받아들이면 안 된다. 그러나 구체적 전이가 아무리 자유로워도 신의 힘이 구체화되는 모습과 인간과의 관계에는 엄정한 기준이 있다. 한 예로, 가장 오래되고 또 체계가 덜 잡힌 『일리아드』가 있다.

불륜을 저지르다 쥐처럼 그물에 걸려든 아레스와 아프로디테를 이야기할 때, 호메로스는 희극과 같이 풍자적인 입장을 취한다. 이것은 신화를 여러 가지 방법으로 각색할 수 있다는 사실을 보여주는 첫 번째 예이다. 헤파이스토스는 인간을 억류하고 생명을 빼앗고 또 무생물에 생명을 불어넣을 수도 있는 마술사인 동시에 장인이다. 그는 매력적인 아프로디테를 아내로 두고 있다. 아레스와 아프로디테는 그와는 다른 방식, 즉 이들이 인간과 갖는 관계에서 나타나듯이, 질시를 초래하는 사랑, 전쟁을 수반하는 혼인으로 연결되어 있다. 이는 인간 세상에서 사랑과 전쟁, 화합과 갈등의 힘이 공존하는 것과 같다.

또 헤파이스토스와 아레스는 재주와 전사의 맹목적 폭력이 대조적인 것과 같은 관계에 있다. 아레스는 전사의 빠른 발걸음 같고, 헤파이스토스는 불구의 절름발이이다. 그러나 직접 목적을 달성하는 것은 바르게 걸을 수가 없는 절름발이 신이다. 반면 아프로디테의 편에서 마술의 함정에 빠져 꼼짝할 수 없는 것은 패배의 주자(走着: 달리기 하는 사람) - 전사(아레스)이다.

인간의 감정을 응용한 신화는 가공적 환상의 유희를 그 바탕으로 하고 있으며, 또 옛것을 번안하여 새롭게 각색해 낸다. 신화는 계속 반복되고 생동한다. 생동한다는 것은 신화가 그 자체를 초월하는 한 대립의 객체를 구현하기 때문이다. 서로 충돌하는 차이를 노정하는데, 이것은 철학과 같이 논쟁을 도구로 하는 것이 아니라 신화적 소재를 다르게 번안하는 것이다. 그래서 신화는 같은 문화권 내부의 서로 다른 집단들, 반대되는 종교적 흐름 간의 충돌을 반영하는 것이 된다.

전쟁의 신 아레스

절름발이 대장간의 신 헤파이스토스

미의 여신 아프로디테(아테네 파르테논 신전 박공의 조각, 현재 대영박물관 소재)

참고문헌

1차 자료

Aristoteles, *Peri enypnion*,

__________, *Pei tis kath' hypnon mantikis*

__________, *Peri zoon morion*.

Platon, *Alkibiades*

__________, *Nomoi*

__________, Timaios.

Protinos, Enneades.

성경, <요한계시록>

2차 자료

Gernet, L. *Les grecs sans miracle*. Paris, 1983.

Mugler, Charles. "La lumière et la vision dans la poésie grecque," *Revue des études grecques* 73(1960), pp.40－70.

Vegetti, M. "O anthropos kai oi theoi", in *O Ellinas anthropos*, ed. J.－P. Vernant. Athina, 1996.

Vernant, J.－P. *Anamesa ston Mytho kai tin Politiki* [*Entre mythe et politique* (Seuil, 1995)]. trans. M. I. Giosi. Athina, 2003.

김희정

1. 고대 로마 신화를 말하다

서양문명의 양대 산맥을 이루는 헬레니즘과 헤브라이즘 중 헬레니즘의 중요한 부분을 차지하고 있는 요소가 그리스·로마 신화다. 현재 서구 문명이 전 세계를 지배한다는 전제하에, 대부분의 사람들은 '신화'하면 자연스레 그리스·로마신화를 떠올린다.

그리스 신화의 로마 유입은 기원전 8세기경으로, 먼저 시칠리아 섬과 남부 이탈리아에 퍼진 다음, 반도를 거슬러 에트루리아인들에게까

라파엘로, 〈신들의 회의〉, 1313~1317, 로마, 빌라 파르네시나

지 이르렀다. 미케네 시대부터 유입되었다고 한다. 그리스 신화가 어떻게 로마 땅으로 들어왔는가는 신화의 줄거리 자체가 말해준다. 다이달로스는 시칠리아와 사르데냐로 피신했고, 오디세우스는 아이올로스와 키르케에게서 휴식을 취했으며, 아르고 원정 대원이나 헤라클레스도 라틴민족과 접촉했다. 특히 트로이아의 용장 아이네이아스는 이탈리아 건국의 시조로도 이름을 남겼다.[1]

그리스 신화와 로마 신화는 그리스·로마 신화라는 한 가지 이름으로 불릴 정도로 많은 공통점을 보이고 있다. 그 이유는 바로 로마의 기본 바탕이 된 종교가 올림포스의 신이 주신이 되는 종교이기 때문이다. 더욱이 로마의 바탕이 되는 문화 또한 그리스의 영향을 받아, 결과적으로 그리스와 로마의 여러 가지 유사점이 신화에서도 발견된다.

그리스 신화의 끝은 호메로스의 트로이 전쟁이고, 그 이후 올림포스 신이 등장하는 신화가 바로 로마 신화의 특징이라 평한다. 그리스와 로마의 신화를 갈라놓는 신화가 트로이 전쟁인 것이다. 여기서 우리는 이 전쟁이 단순히 트로이의 전쟁을 넘어 발칸반도 인근의 국가들의 쇠퇴와 직결되어 있음을 알 수 있다.

그리스와 로마 신화의 또 다른 차이점은 신과 인간의 경계 문제에 있다. 초기 그리스 신화상에서의 주인공들은 신들이었으나, 로마 신화로 넘어가면서 신은 인간이 벌이는 여러 가지 사건 속의 조연으로 나타나게 된다. 이는 로마의 시대 상황과 맞닿아 있다. 고대의 다신교는 타종교에 개방적이었다. 그러나 로마에 유입된 그리스 신화는 번역작업과 신들의 동화 과정을 거쳐야 했다. 후자의 경우 명백한 모순

---

1) 프랑수아즈 프롱티시 뒤크루아, 『신화』, 창해, 1993, p.32.

이 빚어지곤 했는데, 평화를 사랑하는 사투르누스가 잔혹 무도한 크로노스와 동일시된 것이 대표적 예다. 어쨌든 그리스인들은 로마 신들에게서 자신들의 신을 발견할 수 있었다. 그리스 신화를 대부분 본떠 변형시켰던 로마 신화는, 타 지역의 종교를 모방하거나 그리스의 영향을 받은 로마 종교와 어우러져 겹치게 된다. 라틴 민족은 그들 고유의 문화적 특성과 종교를 간직하면서 그리스 신화의 여러 모험담을 자기 민족 신들의 모험담으로 변용해서 받아들인다. 이런 면에서 로마 신화는 태생적으로 '그리스·로마 신화'라는 한 가지 이름으로 불릴 수 있다. 그러나 앞서 언급했듯, 그리스 신이 모두 로마 신과 동일시되는 것은 아니다. 로마인들은 신들의 조각상과 전설을 거의 남기지 않았지만 고유한 신화를 가지고 있었다는 사실이 도처에서 발견되는 것도 이를 반증한다.[2]

2. 고대 로마 신화와 중세 그리고 르네상스

고대 로마의 문화적인 업적은 서양문화, 나아가서는 세계문화의 모든 학문과 문학뿐만이 아니라 과학, 철학, 정치제도 등에 많은 영향을 끼쳤다는 것이다. 이러한 로마의 문화는 신화와 따로 생각할 수 없을 만큼 밀접한 관계에 있다.

일찍이 『일리아드』와 『오디세이』의 저자 호메로스는 수사학의 귀감으로 회자되는 인물이다. 이 서사시들은 로마시대에 라틴어로 번역

---

2) Ibidem.

된 이래 수많은 로마시대 문학가들의 귀감이 되었고, 그 후 서양 문학에 커다란 공헌과 영향을 미쳤다.

그리스의 호메로스가 두 서사시에서 트로이 전쟁을 그리스 입장에서 서술했다면, 그로부터 천 년이 지난 기원전 1세기 로마의 시인 베르길리우스는 함락당한 트로이 쪽의 영웅을 주인공으로 하며『아이네아스』를 썼다. 아이네아스는 트로이 왕족으로 트로이가 그리스인들에 의해 멸망당할 때 유민을 이끌고 트로이를 탈출했으며, 그 후 북아프리카의 카르타고를 거쳐 이탈리아 중부로 들어온 것으로 전해지는 전설의 인물이다. 전설에는 트로이인 안키세스와 여신 아프로디테의 아들로 상정하고 있다. 기록에 따르면 아이네아스는 이다 산의 요정들이 기르다가, 5세 때부터 안키세스가 키웠다고 한다.

호메로스의『일리아드』에서 그는 트로이전쟁에서 그리스군에 대항하여 사촌 헥토르에 버금가는 용맹을 떨쳤다고 묘사되고, 트로이의 마지막 왕 프리아모스의 딸 크레우사와 결혼하여 아들 아스카니우스를 낳았다고 전해진다. 베르길리우스는 이를 소재로『아이네아스』를 쓰면서, 아이네아스가 트로이를 떠난 뒤 카르타고에 닿아 그곳의 여왕 디도와 사랑을 나누는 등 7년 동안의 유랑 끝에 이탈리아의 라티움에 상륙해, 그곳의 왕 라티누스의 딸 라비니아와 결혼하여 새로운 도시 라비니움을 건설한 이후 로마제국의 건국 시조로 묘사한다.

로마 제국 몰락에도 불구하고 과거 신과 영웅들이 완전히 사라지지 않은 것은 그들이 '파가니', 즉 가톨릭에서 이교도라 부르던 농부들의 민간 신앙 속에 스며들 수 있었기 때문이다. 일찍이 고대 로마 문화에 동화되던 때와 마찬가지로, 신화는 중세에도 기독교 문화의 틀 안에서 약간의 변형을 겪으며 소화 흡수되었다. 어떤 신은 성인으로 탈바

펠레그리노 티발디, <태양신 헬리오스의
소를 훔치는 오디세우스 일행>, 1554, 볼
로냐, 팔라초 포지

조반니 바티스타 티에폴로, <아가멤논을
죽이려는 아킬레우스를 막는 아테나>,
1757, 비첸차, 빌라 발마라나

꿈되고,[3] 목양신 판과 같은 또 다른 인물들은 악마로 간주되었다. 기독교 문화권에서도 신화는 잘 보전되어 교회 서기들은 고대인들과 마찬가지로 역사적, 물리적, 도덕적 해석을 첨삭했다.[4]

신화의 연속성은 구상예술에서도 볼 수 있다. 인간적인 신체를 지니고, 인간적인 실수를 보이지만 결국 신이라는 범주로 해결이 되게 되는 신화의 영역은 인간을 있는 그대로 표현한 신의 형상으로 탄생시키게 된다. 이러한 문화는 조각상 그림 등으로 표현되며 서양의 예술과 인간을 연결해주는 최초의 키워드가 된다. 즉, 로마 예술가들은 도기, 프레스코, 조각 등을 통해 신화에서 얻은 영감을 표현하고, 이러한 키워드는 종교에서도 큰 역할을 하게 된다. 기독교가 발전한 중세 예술에서는 최대한 육체(육신)을 드러내지 않으면서 경건한 모습을

---

3) 바쿠스를 안고 있는 메르쿠리우스가 크리스토프 성인이 된 것이 대표적인 예다.

4) 프랑수아즈 프롱티시 뒤크루아, 같은 책, p.103.

보이는 형식으로 바뀌게 되고, 이후 후원을 통해 예술이 발전하기도 하는데 메디치 가문에서 일으킨 예술부흥운동(르네상스)을 통해 과거로의 회귀가 이뤄진다. 특히 15세기 로마의 신 플라톤학자-피코 델라 미란돌라, 마르실리오 피치노-들에 의해 활발한 신화해석이 이뤄진다. 이 학파는 예술가들에게 지대한 영감을 끼쳤고, 당대 대표적 화가 라파엘로는 여러 작품을 통해 신화를 그리며 정화적 가치를 잘 표현했다. 르네상스 시대에 신화를 수용하는 입장은 역사적이자 정치적인 것이었다. 만토바(Mantova)의 테 궁전에서는 기간테스를 번개로 내치는 유피테르 신의 모습을 볼 수 있는데, 이는 이탈리아에서 신성 로마의 주권을 복원한 샤를 5세를 상징한다. 르네상스 인문주의자들에게 신화란 허구의 이야기도, 신을 모독하는 이야기도 아니었다. 그들에게 그저 신화는 그대로 존중하고 찬미하는 고대인들의 신앙일 뿐이었다.[5]

5) 루치아 임펠루소 저, 이종인 역, 『그리스 로마 신화, 그림으로 읽기』, 예경, 2008, p.7.

3. 고대 로마 신화와 종교

만신전 Pantheon 내부, 로마(Copyright □ Polat Kaya)

고대 이탈리아 반도에 침입한 로마인은 오랜 기간 동안 인격화되지 않은 여러 정령을 숭배하던 다신교 집단이었다. 인도·유럽인의 오랜 신, 유피테르(Jupiter)를 비롯한 무수한 신들을 섬기며 집집마다 의례를 행하였지만, 특정한 신전도 없고 직업적인 신관도 없었다. 기원전 8세기경 통일국가가 형성되면서, 유력한 부족신·지방신이 국가적인 신으로서 받들어 모셔지게 되었고, 신관층이 생겨나는 동시에 왕은 국가종교의 수장이 되었다. 고대 로마인의 관심은 주로 현세에 집중해 있었기 때문에 죽음이나 내세를 생각하는 경우가 적었고, 따라서 그 종교적 공상의 빈약함은 그리스의 종교와 현저한 대조를 이루었다. 신화는 그리스 종교의 일부였으나, 로마에 이르러 신화와 종교 간의 유착 관계는 조금 느슨해졌고, 마침내 종교 구조에 신화가 편입된다. 즉, 로마의 종교는 다른 여러 문화와 마찬가지로 그리스의 영향을 강하게 받아 변화하여, 그리스, 더욱이 고대 동방의 신들이 맹렬한 숭배를 받기에 이르렀다. 비너스(아프로디테), 유노(헤라), 다이아나(아르테미스), 마르스, 머큐리, 넵투누스, 플루토 등의 신들이 모셔지고, 오래도록 동방계의 대모신앙이나 미트라, 오시리스 숭배 등의 밀의종교가 유행했다. 기독교 이전의 고대 로마 종교의 특징 가운데 하나는 지역적이며 가정적이라는 것인데 각 신들은 특정 지역 활동과 연결되어 있었다. 신들의 숫자는 무한하였으며 각 신의 역할은 분담되어 있었다. 로마의 종교는 일종의 복잡한 희생 의식이고 도덕률을 내포하지는 않았다. 신을 달래고 신에게 희생의식을 바칠 필요는 있었으나 믿음이 로마인들의 행동에 어떤 영향을 미치지는 않았다. 종교에 있어 신앙보다는 종교의식이 더 중요한 부분이었다. 여기서 신의 엄격성이 요구되지 않으며 하나의 탁월한 능력을 지닌 인간인 황제 역시 신격화되어 숭배될 수 있었다. 즉, 기원후 로마제국의 전성기에는 신인(神人) 황제의 숭배가 강요되고, 드넓은 판도의 여러 신들에 대한 신앙이 관용으로 받아들여졌다. 그 무렵 로마는 세계의 판테온이라고 불리었다. 그러다가 서기 325년에 민중으로부터 일어나 상층으로 침투한 기독교가 국교로 되어, 로마의 여러 종교는 차츰차츰 여기에 합류했다.

4. 로마 신화와 인물들[6]

원래 로마인들은 천지간의 모든 사물이나 장소에는 그곳에 내재하는 비인격적인 신 또는 영이 있다고 믿었다. 그 신령의 힘을 누멘이라 하였는데, 이 누멘은 모든 현상과 관계를 갖고 있어 때로는 사람에게 해를 끼치기도 한다고 생각하였다. 말하자면 이것이 그들의 신에 대한 관념이었다. 그러다가 로마인이 그리스인과 접촉을 갖고 그리스 문학을 알게 되면서, 그리스 신화의 신들, 즉 인간과 같은 생활을 하는 구체적 인격을 갖춘 신들을 받아들임으로써 로마 고유의 신들도 그 성격을 바꾸어 인격신이 되었다.

로마 신화는 두 부분으로 구성되어 있다고 할 수 있다. 한 부분은 그리스 신화에서 그대로 옮긴 것으로 후기에 지어지고 기록으로 전해진 것이고, 다른 부분은 더 오래되고 종교적인 성격이 강해 그리스 신화와 매우 다른 기능을 수행한 것이다. 원시 로마인들에게는 신화다운 신화가 없었다고 할 수 있을지도 모른다. 로마의 시인들이 공화정 시대 후기에 그리스 시인들이 읊은 신화를 따라 읊기 전에는, 그리스 신화의 티탄 전쟁이나 헤라가 제우스를 유혹한 일화와 같이 그들의 신들이 주인공이 된 이야기가 없었다.

로마인이 그리스인과 접촉을 갖고 그리스 문학을 알게 되면서, 서로 비슷한 성격을 지닌 로마의 신과 그리스의 신이 짝을 이루게 되어 마침내는 같은 신으로 보게 되었다. 그 주요한 예를 들어보면 유피테르와 제우스, 유노와 헤라, 넵투누스와 포세이돈, 미네르바와 아테나,

---

6) 그리스와 로마 신의 이름 대조는 177쪽을 참고하시오.

마르스와 아레스, 비너스와 아프로디테, 디아나와 아르테미스, 불카누스와 헤파이스토스, 베스타와 헤스티아, 메르쿠리우스와 헤르메스, 케레스와 데메테르 등이다. 그리스에 대응하는 신을 갖지 않은 유일한 신은 문(門)의 수호신이며, 앞뒤로 향한 두 개의 머리를 가진 모습으로 표현되는 야누스이다. 오늘날 로마 신화로서 전해지고 있는 것은 옛 로마나 로마의 이웃에 전해지고 있던 이야기들을 모아, 그리스 신화를 본떠 이루어진 것이다. 이 밖에 로마 건국기에 활약한 왕이나 영웅에 관한 전설도 포함되는데, 이를테면 트로이의 영웅 아이네아스가 이탈리아 땅에 와서 로마 건국의 시조가 된다는 로마 건국 신화도 실은 그리스와 로마의 신화적 융합에 불과하다.[7]

이 장에서는 고대 로마를 대표하는 인물들과 역사를 신화와 여러 명화를 매개해서 자세히 살펴보고자 한다.

---

7) 출처 네이버테마백과사전 검색명 '로마신화', 2012. 11. 20.

1) 유피테르(Jupiter)

유피테르 신전(Tempio di Giove del Capitolino) 복원도[8]

'주피터'는 영어 발음이다. 원래는 천공(天空)의 신이며, 그리스 신화의 제우스에 해당한다. 온갖 기상 현상을 지배하며, 비와 폭풍과 천둥을 일으키는 신이다. 로마에서는 예로부터 카피톨리노 언덕 위에 유피테르의 큰 신전이 건립되어 있어, 집정관(콘술)이 취임하면 우선 이 신전에 참배하였으며 또 원정에서 돌아온 장군의 개선행렬도 이 신전으로 향하는 것이 관례로 되어 있었다.

---

8) 이 그림은 파올로 갈리아노Paolo Galiano가 '최고와 최선의 유피테르 신전 Il tempio Capitolino di Giove ottimo e massimo'이라는 글에 소개된 삽화의 일부를 사용한 것임. 자세한 내용은 사이트 http://www.simmetria.org/simmetrianew/associazione/convegni-ed-eventi-mainmenu-305/738-visita-ai-musei-capitolini-di-pgaliano.html를 통해 확인할 수 있음.

‘최고 최선의 유피테르’라고 불리며, 전쟁에서는 로마에 승리를 가져다주는 수호신일 뿐만 아니라, 정의와 덕을 다스리고 서약과 법률을 지키는 신으로 모셨다. 또한 미래를 내다보는 힘이 있어 인간의 미래를 여러 가지 전조나 하늘을 나는 새의 특징을 보아 예언한다고 믿었다. 맑게 갠 보름날 달밤에 제사를 지냈는데, 흰색이 신성시되어 신관과 참배하는 집정관은 반드시 흰옷을 입었으며, 또한 흰 동물을 제물로 바쳤다. 또한 신 자신은 네 마리 백마가 끄는 수레를 타고 다닌다고 여겨졌다. 여신 유노(주노)는 유피테르의 아내로 보았다.

로마의 카피톨리노 언덕에 유피테르, 유노, 미네르바의 3신을 받들기 위해 고대 로마 왕정시대에 착공, 공화정시대 최초기(B.C.509)에 완성되어 ‘최고지선의 유피테르 신전’(유피테르 옵티무스 카피톨리누스 신전)이라 불리는데, 이는 언덕 이름을 따서 단순히 ‘카피톨륨’이라고도 칭한다. 우르카가 유피테르 상을 안치했다고 전해지며 국가적인 의식이 거행되는 신앙의 중심이었다. 앞서 기술한 3신의 3개의 케라가 한 당에 합쳐져서 모셔진 점에서 그리스와는 다른 전래의 종교 신앙의 자취와 에트루리아 문화의 영향을 받았음을 알 수 있다.

2) 유노(Juno)[9]

로마 신화에 나오는 출산의 여신이다. 에트루리아의 여신 우니에서 기원했으나, 여러 이름으로 숭배된다. 결혼의 수호신일 때는 유갈리스(Iugalis), 결혼한 여성의 수호신일 때는 마트로날리스(Matronalis), 신

---

9) 출처 네이버지식백과 검색어 ‘유노’, 2012. 11. 20.

부의 수호신일 때는 프로누바(Pronuba), 처녀의 수호신일 때는 비르기날리스(Virginalis)였다. 매년 3월 1일이 되면 여성들은 유노를 기리는 '마트로날리아(Matronalia)' 축제를 열었다. 그녀의 이름을 딴 6월(June)은 결혼하기 가장 좋은 달로 여겨졌다. 그녀에게 바쳐진 동물은 공작이며 영어로는 주노(Juno)다.

심술궂은 천계의 여왕 유노는 로마 신화의 최고신 유피테르의 아내로, 그리스 신화의 최고신 제우스의 아내 헤라와 동일한 성격의 여신이다. 헤라는 제우스의 바람기 때문에 계속 고통을 받으면서도 그 상대 여성만큼은 추호도 용서치 않는 매서운 면을 가지고 있었다. 제우스를 모델로 한 유피테르 역시 바람기가 많은 신이었기 때문에 유노도 심한 괴로움을 겪게 된다.

하지만 유노는 헤라보다 더 심술궂은 성격을 가진 여신으로 묘사되는데, 트로이 전쟁의 발단이 된 '파리스의 심판' 사건 때 자신을 뽑지 않았던 파리스와 그의 백성들을 끊임없이 괴롭히는 여신으로도 널리 알려져 있다.

그녀는 트로이라는 말을 꺼내는 것조차 싫어했는데, 로마를 건설한 아이네아스와 화해할 때도 트로이식 이름과 관습을 버리라고 명령할 정도였다. 그만큼 트로이를 증오했던 것이다.

신들을 적으로 만든 여왕전쟁

안니발레 카라치,
〈유피테르와 유노〉, 1597,
파르네세 갤러리, 로마

에서 패한 트로이의 장군 아이네아스는 고국을 떠나 방황하다가 로마 땅에 새로운 국가를 건설했다. 신들은 이를 승인하고, 그 어느 누구도 아이네아스에게 영향력을 행사하지 못하도록 했다.

신들의 방해가 없었음에도 불구하고 아이네아스의 여행은 가혹하기 짝이 없었다. 그의 어머니 베누스 여신조차도 도움을 주지 못하고 아무 말 없이 지켜볼 수밖에 없었다. 하지만 유노는 신들의 결정에 따르지 않았다. 유피테르의 명령과 운명의 여신 파르카의 지시를 무시하고 몇 차례나 아이네아스의 앞길을 막아서기도 하고, 목숨을 빼앗으려고 계략을 꾸미기도 했다.

하지만 가장 큰 피해를 입은 자는 아이네아스도 베누스도 아니었다. 유노는 지상에 인간을 보내 아이네아스를 괴롭혔지만, 오히려 다른 사람들이 극심한 고통을 겪게 되었다. 예를 들면 카르타고의 여왕 디도가 그런 인물 중 하나였다.

디도는 카르타고를 찾아온 아이네아스에게 호의를 가지고 있었다. 아이네아스도 디도가 그리 싫지는 않았다. 이런 사실을 안 유노는 황금 화살을 쏘아 보냈다. 그러자 여왕은 아이네아스를 열렬하게 사랑하게 되었다. 유노의 의도대로 사랑에 빠진 아이네아스는 신천지를 향한 결의와 정열을 잃어버리고 말았다. 하지만 이대로 둬서는 안 되겠다고 생각한 유피테르는 아이네아스를 질책한 다음 다시 신천지를 향해 떠나게 만들었다. 아이네아스는 이처럼 도움을 받을 수 있었지만, 디도는 그렇지 않았다. 자신을 버리고 매정하게 떠난 남자를 잊어버리려 했지만 사랑은 도무지 식을 줄을 몰랐다. 그만큼 화살의 힘이 대단했던 것이다. 결국 디도는 아이네아스를 애타게 그리며 자살로 인생을 마감하고 말았다.

3) 넵투누스(Neptunus)

로마 나보나 광장 넵투누스 분수대

그리스 신화의 포세이돈과 같은 신으로, 영어명은 넵튠이다. 매년 7월 23일에 넵투누스 축제가 열리는데, 물이 귀한 여름철에 축제가 열리는 것은 그를 기쁘게 하기 위한 것인 듯하다.

유피테르와 형제지간이며 바다와 강, 호수, 조그만 샘에 이르기까지 '물'을 다스리는 신으로 알려져 있다. 거친 머리칼과 턱수염을 한 건장한 사나이로 언제나 세 개의 뾰족한 끝이 달린 창을 세워 든 당당하고 늠름한 모습으로 형상화하였다. 또 말과 소를 좋아하여 이들을 자기의 성수로 삼았다.

티탄족인 사투르누스와 옵스 사이에서 출생했으나 아버지인 사투르누스가 삼켜버렸고, 이를 안타깝게 여긴 동생 유피테르는 아버지에게 토하는 약을 먹여 살려냈다. 이렇게 살아난 그는 유피테르와 함께 티탄족인 사투르누스 일당을 몰아내고 세상의 권력을 잡았다. 그리고 는 제비를 뽑아 세상을 나누었는데 그 결과 유피테르는 하늘을, 넵투 누스는 바다를, 플루토는 지하의 망령세계를 맡게 되었다.

넵투누스는 살라키아를 아내로 얻었는데, 처음 그녀에게 청혼했을 때 그녀가 먼 서쪽의 바닷가 바위에 숨어버리자 애가 탄 그는 그녀를 찾으라고 돌고래에게 명령했다. 돌고래들은 마침내 세상 끝까지 뒤져 서 그녀를 찾아 등에 업고 돌아왔고 그 공으로 하늘에 올려져 '돌고래 자리'가 되었다고 전한다.

4) 미네르바(Minerva)

미네르바 청동상,
Copyright (c) Vroma

에트루리아 신화에 나오는 여신으로 '멘르바(Menrva)'라고도 한다. 투구, 창, 방패 등 그리스의 아테나 여신과 비슷한 모습을 하고 있으며 티니아(Tinia)의 머리에서 태어난 것까지도 흡사하다. 문예와 예술을 관장하는 여신이며, 평화의 상징이다. 그리스 신화의 아테나는 올리브를 그리스인에게 건네줌으로써 번영을 불러일으켰다고 전해진다. 로마 신화의 미네르바도 마찬가지였는데, 올리브나무는 '미네르바의 나무'라고 불리며, 평화를 상징한다. 로마에 도착한 아이네아스는 현지 원주민들에게 우호의 증표로 올리브나무 가지를 바쳤다고 한다. 이는 '평화롭게 살겠다'라는 의도를 보여준 것이라고 할 수 있다. 그리고 미네르바는 어깨에 올빼미가 있는 것으로도 유명하다. 로마에서 올빼미는 지혜의 상징으로 사람들에게 소중하게 취급되고 있다.

5) 베누스(Venus)[10]

　로마 신화의 여신으로 원래는 로마 신화에 나오는 채소밭의 여신이었으나, 그 특성이 그리스 신화의 아프로디테와 일치하므로 아프로디테와 동일시되었다. 이 여신은 로마시대부터 르네상스시대를 거치면서 특정의 민족 신화의 틀을 벗어나, 여성의 원형으로 서양 문학과 미술에서 폭넓게 다루어졌다. 호메로스에서는 아프로디테가 제우스와 바다의 디오네의 딸로 되어 있는데, 헤시오도스에서는 천공의 신 우라노스와 그의 아들 크로노스와의 싸움에서 비롯된 것으로 되어 있다. 즉, 크로노스는 어머니 가이아의 음부 속에 숨어 있다가 아버지의 성기를 낫으로 잘라 바다에 던졌다. 이렇게 하여 바다를 떠다니는 성기 주위에 하얀 거품(아프로스)이 모이고, 그 거품 속에서 아름다운 처녀가 생겨났다.

　알몸의 처녀는 서쪽 바람의 신 제피로스에게 떠밀려 키테라 섬에 표착하였다가 다시 키프로스 섬까지 흘러왔는데, 여기서 그녀를 발견

10) 출처 네이버지식백과 검색어 '비너스', 2012. 11. 22.

보티첼리, 〈비너스의 탄생〉, 1485, 우피치 미술관

한 계절의 여신 호라이가 그녀에게 옷을 입히고 아름답게 꾸민 다음, 여러 신들의 자리로 안내하였다고 한다. 르네상스기의 화가 보티첼리의 명작 <비너스의 탄생>은 이 같은 탄생 과정을 그린 것이다. 아프로디테의 탄생담이 남성 성기에서 비롯되어 키프로스와 관련을 갖고, 사랑의 여신으로서 코린트를 비롯한 각지에서 신앙대상이 되고 있는 것으로 보아, 여신의 기원이 원래 풍요와 재생이라는 원시신앙을 바탕으로 한 오리엔트의 대지모신임을 알 수 있다.

메소포타미아 지방의 신들 가운데 대표적 여신으로 널리 신앙의 대상이 되고 있는 이슈타르나 페니키아의 여신 아스타르테는 모두가 농경 재생산과 결부된 풍요·다산의 여신이면서, 한편으로 사랑과 열락, 음탕의 여신이기도 하였다. 이 같은 오리엔트의 원시신앙을 이어받은 아프로디테를 그리스인의 풍부한 상상력과 미적 감수성이 미와 사랑의 여신이라는 하나의 인격으로 만들어냈다.

6) 포모나(Pomona)

포모나는 로마 신화에 나오는 님프이다. 나무의 님프인 하마드리아데스(단수형은 하마드리아스)의 하나로서, 정원을 가꾸는 일과 과일 재배를 담당하였다. 여러 신이 사랑을 구하였으나, 포모나는 오직 정원 가꾸기와 탐스런 과일을 열리게 하는 일에만 열중하여 모두 거절하였다. 계절의 신 베르툼누스도 여러 차례 포모나의 사랑을 얻으려고 하였

니콜라스 포슈, 〈포모나〉, 1700, 부다페스트 조형예술박물관

으나 뜻을 이루지 못하였다. 어느 날, 노파로 변신한 베르툼누스는 포모나에게 접근하여 베르툼누스가 진정으로 그녀를 사랑하고 있으므로 무정하게 거절하지 말라고 설득하였다. 이에 마음이 움직인 포모나는 본래의 모습으로 돌아온 베르툼누스에게 몸을 맡겼다고 전한다.

7) 디도(Dido)와 아이네이아스(Aeneias)

아이올로스가 보내온 바람에 리비아로 떠밀려간 아이네이아스와 그의 일행들은 아프로디테의 인도로 한창 건설이 진행 중인 카르타고로 들어간다(카르타고는 훗날 페니키아인들의 주요 거점으로 자리 잡

프란체스코 솔리메나, 〈아이네이아스와 아스카니오스로 변장한 에로스를 맞이하는 디도〉, 1710, 런던 국립미술관

았고, 해상 무역의 중심지가 되었다). 트로이를 떠난 지 무려 6년 만의 일이었으니, 이들의 고초는 말로 다하기 힘들었을 것이다.

카르타고는 여왕 디도가 다스리고 있었는데, 디도는 티레의 공주였으나 아버지가 죽으면서 오빠가 일방적으로 왕위를 차지하고 그녀를 핍박하자 도망쳐서 이곳에 왕국을 세우던 참이었다.

그녀는 왕국의 2인자이자, 헤라클레스의 신관이었던 아케르바스와 결혼했으니, 그녀의 오빠인 피그말리온의 입장에서는 견제를 하지 않을 수 없는 상황이었다. 더구나 아케르바스는 비밀리에 엄청난 부를 축적해두었다는 소문까지 들리는 마당이었다. 피그말리온이 아케르바스를 죽이고, 그의 재물을 강탈하려고하자 디도는 피그말리온의 성으로 이사가겠다며, 이사를 도와줄 사람을 보내달라고 한다. 그녀는 모래가 들어 있는 가방을 아케르바스의 금이 든 가방이라며 바다에 던져버린 뒤, 이사를 도우러 온 사람들에게 빈손으로 돌아간다면 아케르바스의 분노로 벌을 받을 것이니 자신과 함께 도망가자고 설득한다. 이에 그녀를 따르게 된 일단의 무리와 함께 사이프러스를 거쳐 아프리카 북쪽 연안에 도착하고, 그곳에서 카르타고를 세우게 된 것이다.

디도는 아이네이아스 일행을 환영하며 그곳에 머물든, 떠나든 그들을 돕겠다고 말한다. 하지만 그날 저녁에 벌어진 환영 파티에서 에로스(큐피드)는 디도의 가슴에 아이네이아스에 대한 사랑을 일으켜버렸으니 역마살이 있는 남자를 사랑하게 된 여인의 비극이 시작된다.

디도는 헤라에게 자신의 마음에 따라 아이네이아스와의 결혼을 기원하게 되고, 아이네이아스가 로마를 건설하는 것을 못마땅해 하던 헤라는 이 기원을 들어준다. 다음날 사냥 도중 만난 폭풍우를 피해 두 사람만 어느 동굴에 들어가게 되고, 그곳에서 헤라를 하객으로 삼고, 하늘을 증인으로 삼아 결혼하게 된다. 하지만 제우스가 아이네이아스에게 그의 운명을 환기시켜주자 아이네이아스는 디도를 떠나버린다. 홀로 남은 디도는 울부짖으며 그를 저주하다, 아이네이아스가 남겨두고 간 칼로 자신을 찔러 자결해버린다.

상기 그림에서, 중앙에 녹색 갑옷을 입은 아이네이아스는 디도와 인사를 마치고, 경의를 표하기 위해 자신이 트로이에서 가져온 귀중품을 바친다. 그 뒤 무릎을 꿇고 있는 젊은 남자는 여왕에게 멋진 옷을 바치고 있는데, 이는 헬레네가 어머니 레다에게서 선물로 받은 것이다. 디도 앞으로 향하는 에로스 신은, 베르길리우스에 따르면—앞서 언급했듯—아이네이아스의 아들, 아스카니오스의 옷을 입고 디도에게 나타나고, 아프로디테가 에로스를 변장시켜 여왕에게 사랑의 화

페데리코 바로치, 〈아이네이아스의 트로이 탈출〉, 1586-1589, 로마 갈레리
아 보르게세

살을 쏘게 하여 디도가 아이네이아스를 사랑하도록 만들었던 장면을
연상시키고 있다.

상기 바로치의 작품을 살펴보자면, 아이네이아스는 노쇠한 아버지
앙키세스를 업고 트로이를 빠져나가려는 모습을 그리고 있다. 우측에
있는 그의 아내 크레우사는 불타는 트로이를 도망칠 때 혼란 중 남편
을 놓쳐 전투 중 사망하고, 그의 발치에는 아스카니오스 또는 율루스
라 불리는 아이가 매달려 있는데, 이 아이는 향후 로마 황제 아우구스
투스를 상징한다.

디도의 이야기가 전하는 사랑의 떠남, 죽음의 문제, 그리고 아이네
이아스의 여러 에피소드는 많은 화가와 시인들을 비롯한 예술가들에

게 커다란 영감을 부여했다.

8) 로물루스와 레무스(Romulus & Remus)

로물루스와 레무스는 전쟁의 신 마르스의 아들이라 여겨졌다. 어머니는 레아 실비아라는 이름의 여사제로, 그리스인들이 트로이를 멸망시킨 후 탈출한 아이네아스의 후손이다. 전설에 의하면, 지역 왕이었던 아이들의 종조부 아물리우스는 종조카들이 자신의 왕위를 위협할까 두려워 태어나자마자 숲속에 버렸으며 암늑대가 아이들을 구해 새끼들과 함께 젖을 먹여 키웠다고 한다.

쌍둥이는 어른으로 자라 아물리우스를 폐위시키고 죽였으며, 적법한 왕인 할아버지 누미토르를 왕위에 다시 앉혔다. 자신들이 다스릴

세바스티아노 리치,
〈로물루스와 레무스의 어린시절〉,
1707, 상트페테르부르크

루벤스, 〈로물루스와 레무스〉, 1616,
에르미타슈 미술관

만한 도시가 필요했던 그들은 전설에 따르면 그들이 버림받은 장소와 가까운, 로마의 일곱 언덕 중 하나인 팔라티누스 언덕을 택했다고 한다. 로마 역사는 쌍둥이 형제인 로물루스와 레무스가 티베르 강이 내려다보이는 언덕에 도시를 세우기로 결정했다는 전설에 뿌리를 둔 듯하다. 도시의 경계를 정하던 중 형제는 누가 왕이 될 것인가를 두고 싸우기 시작했는데, 결국 로물루스가 레무스의 머리에 강력한 일격을 날려 죽이고 만다. 로물루스는 로마의 초대 왕이 되었고, 오늘날까지 남아 있는 '로마'라는 이름은 그의 이름을 딴 것이다.

여러 화가들에게 의해 로물루스와 레무스는 늑대의 젖을 빨아먹는 갓난아기로 묘사되고, 로마의 고대 전설의 주인공으로 여겨진다. 위리치의 작품에서 쌍둥이 형제를 집으로 데려오는 목동 파우스톨루스의 모습을 볼 수 있다. 그의 아내 라렌티아는 쌍둥이 형제를 받아들였고, 리비우스는 라렌티아가 어미 늑대라는 별명으로 불렸다는 오래된 신화를 기록으로 남겼다. 이것이 마르스의 성스러운 동물인 늑대가 갓난아이를 키웠다는 신화의 시작이 된다. 침대 아래 흰 비둘기는 물을 먹고 있는 자신의 쌍둥이 비둘기를 쪼려 공격태세를 갖추는데, 이는 앞날 두 형제 사이의 갈등이 벌어짐을 암시하고 있다.[11]

---

11) 루치아 임펠루소, 같은 책, p.330.

그리스 로마 신 이름 대조

그리스 이름	로마 이름	영어 이름
크로노스 Cronos	사투르누스 Saturnus	새턴 Saturn
레아 Rhea	키벨레 Cybele	시빌레 Cybele
제우스 Zeus	유피테르 Jupiter	주피터 Jupiter
헤라 Hera	유노 Juno	주노 Juno
포세이돈 Poseidon	넵투누스 Neptunus	넵튠 Neptune
하데스 Hades	플루톤 Pluton	플루토 Pluto
데메테르 Demeter	케레스 Ceres	세레스 Ceres
헤르메스 Hermes	메르쿠리우스 Mercurius	머큐리 Mercury
헤스티아 Hestia	베스타 Vesta	
헤파이스토스 Hephaestos	불카누스 Vulcanus	벌컨 Vulcan
아폴론 Apollon	포에부스 Phoebus	아폴로 Apollo
아프로디테 Aphrodite	베누스 Venus	비너스 Venus
아르테미스 Artemis	디아나 Diana	다이아나 Diana
아레스 Ares	마르스 Mars	
네메시스 Nemesis	포르투나 Fortuna	포천 Fortune
디오니소스 Dionisos	바코스 Bacchos	바커스 Bacchus
에로스 Eros	쿠피드 Cupid	큐피드 Cupid
아테나 Athena	미네르바 Minerva	
페르세포네 Persephone	프로세르피네 Proserpine	
프수케 psukhe	프시케 psyche	사이키 psyche
이오스 Eos	아우로라 Aurora	오로라 Aurora
헬리오스 Helios	솔 Sol, Sola	
셀레네 Selene	루나 Luna	
레토 Leto	라토나 Latona	

참고문헌

박정혜, 심치열 저, 『신화의 세계』, 성신여자대학교 출판부, 2005.
루치아 임펠루소 저, 이종인 역, 『그리스 로마 신화, 그림으로 읽기』, 2008.
프랑수아즈 프롱티시 뒤크루아, 『신화』, 창해, 1993.

http://www.bhgoo.com/2011/column/56487
두산백과사전 검색명 '디오니소스,' 2012. 11. 24.
두산백과사전 검색명 '로마신화,' 2012. 11. 18.

임주인

1. 유네스코의 문화유산 헤라클레스의 탑에 얽힌 전설

헤라클레스의 탑(스페인어: Torre de Hércules)은 스페인 갈리시아 지방 라 꼬루냐 주의 중심에서 2.4km 떨어진 반도에 위치한 로마식 건축의 등대이다. 해발 57m의 언덕에 세워진 이 탑은 스페인에서 치피

헤라클레스의 탑, 꼬루냐 소재

오나 등대(62m)에 이어 두 번째로 높은 등대로, 등대에서 북대서양을 조망할 수 있다. 20세기까지는 '파룸 브리간티움'이라고 불리었다. 1791년 개축 공사가 실시되었지만, 로마 시대에 건축되고 나서 이미 약 1,900년이 경과하고 있음에도 불구하고, 헤라클레스의 탑은 21세기가 된 지금도 현역 등대로 이용되고 있다. 2009년 6월 27일, 유네스코의 세계 유산에 등록되었다.

헤라클레스의 탑은 꼬루냐에 있는 것이 아니라 꼬루냐가 헤라클레스 탑 안에 있다고 해도 과언이 아닐 정도로 꼬루냐의 도시가 생겨나기 훨씬 이전, 아득한 옛날 생겨난 탑이다. 꼬루냐인들은 어릴 적부터 헤라클레스 탑에서 나오는 등댓불을 보면서 자라났고 항해를 하였다. 이 탑은 원래 로마인들이 바다에 대한 두려움에서 벗어나고자 만든 것으로 그때까지만 하더라도 꼬루냐 지역은 유럽의 끝, 지중해의 마지막 땅으로 알려져 있었다. 따라서 마지막 땅끝에서 갖게 되는 두려움에서 벗어나고자 등대를 세우게 되었고 헤라클레스의 탑이라는 이름을 붙이게 된 것이다.

로마인들 중 62년에 현재 꼬루냐 지방의 로마시대 명칭이었던 '브리간티움(Brigantium)'에 도착했던 홀리오 세사르(Julio César)는 프랑스, 영국, 포르투갈 및 다른 유럽 국가들과 함께 무역을 하기 위해서 '금은의 길(ruta de los metales)'을 개척하게 된다. 이것이 헤라클레스 탑을 만들게 된 중요한 이유지만 이와는 매우 다른 또 다른 이

헤라클레스의 탑

유가 존재한다.

이 탑과 헤라클레스가 직접적으로 관련된 전설이 있는데 그것은 지브롤터 해협에 있는 유명한 두 개의 헤라클레스 기둥과 관련된 신화다. 여기서 잠깐 헤라클레스의 기둥을 살펴보면, 유럽과 아프리카 대륙을 갈라놓는 헤라클레스는 "얼마나 힘이 셌던지 알 수 있다. 헤라클레스가 갓난 아기 때, 불사의 몸을 만들고자 아비 제우스가 헤라의 젖을 물렸는데 헤라클레스가 빠는 힘에 놀란 헤라는 아이를 밀쳐내버린다. 이 때 분출된 젖이 은하수(Milkyway)가 되었다." 는 것을 봐도 짐작할 수 있다.

헤라클레스의 신화는 실제 스페인 남부지방의 중심지인 세비야의 신화와도 상통하고 있다. 전설에 따르면 세비야의 역사는 페니키아의 모험가 멜가트로부터 시작한다. 과거에는 항해기술이 발달하지 않았기 때문에 어선과 상선들은 해안선 근처를 따라서 항해하는 게 일반적이었다. 그리고 당시 사람들은 대서양이 세상의 끝이라고 믿었다.

그런데 멜가트는 죽음을 무릅쓰고 지브롤터를 거쳐 대서양을 항해한 뒤 과달키비르 강을 거슬러 올라 스페인에 도달했다. 그는 감히 아무도 생각하지 못하던 대서양 항해라는 위업을 이뤄낸 첫 모험가가 된 것이다. 스페인에 간 그는 카디스와 세비야에 무역항을 개설했다. 멜가트가 죽자 사람들은 그를 영웅

헤라클레스의 탑(등대)

의 수준을 넘어 신의 경지로 끌어올렸다. 카디스 등에는 멜가트의 신전이 여러 개 만들어지기도 했다.

로마를 침공한 카르타고의 명장 한니발은 공격에 앞서 카디스의 멜가트 신전에 가서 제물을 바치고 신탁을 받았다는 전설이 전한다. 또 마케도니아의 알렉산더 대왕은 동방원정에 나섰을 때 멜가트의 고향인 당시 페니키아의 티레(지금의 레바논)에 가서 그의 신전에 제물을 바쳤다고 전해진다.

이후 그리스, 로마인들이 스페인에 진출하면서 멜가트를 헤라클레스와 동일시하게 되었다. 그들은 멜가트가 이룬 업적을 헤라클레스에게 가져다 붙였다.

신화학자들은 헤라클레스가 대서양으로 갔다는 이 신화가 멜가트의 첫 대서양 항해를 헤라클레스에게 이입한 것이라고 해석한다. 어쨌든 세비야의 후세 사람들은 멜가트는 잊어버리고 헤라클레스를 세비야의 시조라며 받들어 모시게 됐다. 지금도 세비야의 라 알라메다 광장에 가면 기둥이 두 개 세워져 있다. 기둥 끝에는 헤라클레스와 카이사르의 동상이 붙어 있다.

헤라클레스의 신화 중에 이런 게 있다. 그는 자식을 죽인 업보로 12가지 과업을 풀어야 했다. 그중 하나가 지브롤터 해협을 거쳐 대서양 너머로 가서 팔, 다리가 6개고 머리가 3개인 괴물 게리온의 소떼를 빼앗아오는 것이었다. 헤라클레스는 바닷길을 열기

스페인 국기

위해 지브롤터에 기둥들을 세웠는데 이를 '헤라클레스의 기둥'이라고 부른다. 헤라클레스의 기둥은 스페인 국가 문양과 카디스 시의 문양에 등장한다. 문장(엠블럼)은 현재 스페인을 구성하고 있는 옛 이베리아 반도에 있던 5개의 왕국인 카스티야, 레온, 아라곤, 나바라, 그라나다 왕국의 문장을 합친 것이다. 왼쪽 방패 위에 있는 금색의 성(城)은 카스티야, 오른쪽 위에 있는 금색 왕관(王冠)을 쓴 사자는 레온, 왼쪽 아래 적색과 금색의 방패는 아라곤, 오른쪽 아래 금사슬은 나바라, 그리고 아래쪽 두 개의 잎을 지닌 석류꽃은 이슬람 왕조였던 그라나다를 나타내고 있다.

윗부분 왕관은 이 다섯 왕국이 통일되었음을 보여주고 있으며 중앙의 타원에는 현재의 왕실인 부르봉 왕조를 가리키는 세 송이의 백합이 그려져 있다. 즉 스페인 왕실의 문장이기도 한 스페인 국기의 문장은 분열된 국가였던 스페인 건국의 역사를 말하고 있다.

한편 문장의 방패 양쪽에 있는 2개의 기둥은 스페인 남단 지브롤터에 있는 지중해의 입구인 헤라클레스의 기둥이다. 기둥에 감긴 리본에는 "여기는 세계의 끝이다"라고 쓰여 있었지만 아메리카 대륙을 발견한 후에는 "보다 먼 세상으로(Plvs Vltra)"라고 고쳐졌다.

그런데 흥미로운 점은 스페인 국가 문양에 있는 기둥 모양이 나중에 미국 달러 표시($)에 사

헤라클레스의 기둥

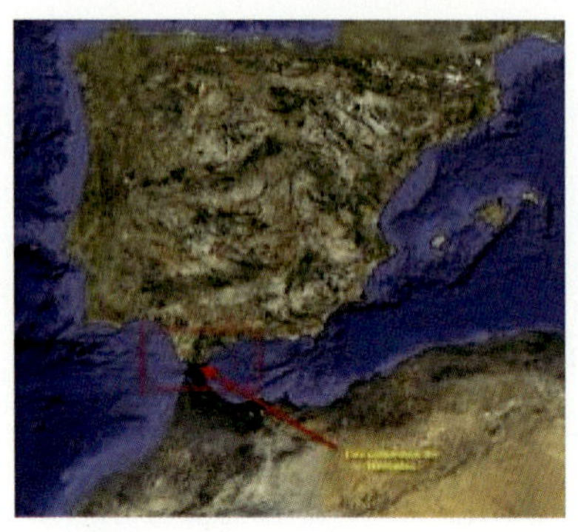

지브롤터 해협

용됐다는 점이다. 스페인 문양의 기둥 모양이 옛날 스페인 달러에 쓰였는데 이것을 보고 미국 달러 표시를 만들었다고 한다. 스페인 문양과 달러 표시를 잘 비교해보면 정말 비슷하게 생겼다. 실제로 스페인의 최남단이자 국경지대인 갈라진 대륙 사이에 있는 지브롤터는 지브롤터 해협 북동쪽으로 스페인 남단 지중해 연안의 폭이 좁은 반도를 차지하고 있는 영국의 식민지로 방위를 제외하고는 완벽한 자치권을 갖고 있다.

그리스 신화에 헤라클레스 두 기둥 중, 북쪽 기둥은 바로 지브롤터 해협 어귀에 있는 낭떠러지에 있고 또 하나 남쪽 기둥은 아프리카 대륙의 모로코 '에벨무사'에 있다고 전해진다.

원래의 탑은 원형으로 되어 있고 경사진 비탈길을 내어서 외부와 통하게 되어 있는데 이는 뱃사람들에게 뱃길을 가르쳐주기 위한 등불을 때기 위한 땔감을 실어오기 위한 것이었다고 한다. 이후에 거울과 유리로 만들어진 기름 램프로 바뀌었다가 1920년 전깃불로 바뀌게 된다. 왜냐하면 250와트의 전구가 가장 멀리까지 불빛을 전할 수 있었기 때문이다. 사진에 이용되는 희가스류 원소 램프는 헤라클레스 탑 발전에 큰 몫을 차지하게 된다.

이 탑의 바닥은 사각형으로 되어 있고 내부에는 십자형 축이 있으며, 네 개의 방에 각각 세 개의 계단이 있고 각 방에는 관모양의 천장이 있다. 아마로 안뚜네스는 17세기의 건축가로서 천장에 구멍을 뚫어서 계단을 설치했다. 로마시대 이후에 외부로 통하는 경사길과 실린더 모양의 둥근 지붕이 사라지게 되었다. 최초로 이 탑에 대해 기록된 것은 5세기부터이다. 빠블로 오소리오(Pablo Osorio)라는 경외전 작가는 산 아구스틴의 제자이자 기독교적인 시각에서 역사를 서술하고자 하는 의도를 갖고 있던 사람이다.

그는 "히스파냐의 두 번째 모퉁이는 북쪽으로 향하고 있는데 이곳에는 브리간티아의 갈리시아 도시가 있어 브리타니아의 바다를 지키기 위해서 높은 곳에 등대를 달아놓았다"고 적고 있다. 지금의 탑은 까를로스 3세가 에우스타끼오 지아니니(Eustaquio Giannini)라는 건축기사에게 재건을 맡겨서 1790년에 지어진 것이다. 라꼬루냐에 드레이크 해적이 공격한 이후에 이 탑이 너무 망가져버렸기 때문이었다. 황폐해진 벽은 두께가 70cm의 네모난 화강암으로 되어 있었고 보수되어 지금은

헤라클레스의 기둥(동상)

헤라클레스의 탑 설계도

부서져 버린 헤라클레스의 탑

라 꼬루냐 지역(붉은색)

2m 15cm의 두께이다. 여기서 네모난 화강암 모양이나 경사 길은 이후에 교회나 요새 건축에 많이 사용되었는데 꼬루냐의 산티아고 교회가 그 대표적인 예라 하겠다. 한편 탑의 윗부분 가장자리는 팔각형으로 되어 있었는데 지금도 그 형태는 변화가 없다. 이 가장자리는 40km에 해당되는 거리까지 밝게 비춰줄 수 있는 회중전등을 떠받치고 있다.

현재 탑의 디자인은 신고전주의 양식으로 되어 있는데 이것은 로마의 혼을 지키고자 하는 의도를 보여주는 것으로 로마의 정신은 등대를 통해 로마시대부터 꼬루냐 주민과 어부, 항해사들을 2000년간 지켜주었고 난파나 그 밖의 항해 사고로 인해 흘렸던 회한의 눈물까지 품고 오늘에 이르고 있다. 고대 7대 불가사의 중 하나인 알렉산드리아의 등대가 파괴된 후, 헤라클레스의 탑은 오늘날까지 현존하고 있는 가장 오래된 등대 중 하나가 되고 있다. 이것이 헤라클레스 탑이 유네스코 지정 문화유산이 되기에 충분한 이유였다. 헤라클레스의 탑이 그 가치를 인정받게 된 것은 1792년 호세 꼬르니데(José Cornide)라는 꼬루냐 태생 역사가의 노력이 크게 작용했다. 이처럼 헤라클레스 탑은 신화나 전설의 근거를 제공해왔는데 그런 이야기들은 수세기를 거치고 수세대를 거치면서 오늘에 이르고 있다.

스페인과 관련된 헤라클레스 신화 중에서 헤라클레스의 탑과 연관성을 갖는 것은 게리온 신화다. 게리온은 헤라클레스의 누이를 모욕했던 일 때문에 헤라클레스에 의해서 추격을 당한다.

카디스 해안으로부터 나와서 대서양 쪽으로 거슬러 올라가 동굴 속에 숨어서 하룻밤을 보내고 절벽에 다다른 헤라클레스는 게리온을 쫓아다니는 일을 멈추지 않고 끈질기게 추적을 하다가 결국 꾸벅꾸벅 졸고 있는 게리온과 마주치게 된다. 헤라클레스는 게리온을 깨워서 그와 싸우게 되고 결국 그를 죽이고 누이의 복수를 하게 된다.

헤라클레스의 승리를 기념하기 위해서 영웅은 탑을 세우고 그의 업적을 찬양하는 사람들의 이름을 탑에 새겨 넣기를 명령했다. 그리고 이 이름 중에서 가장 먼저 새겨진 이름이 '라 꼬루냐'였고 이것이 꼬루냐 지방이 생겨나게 된 기원이 되었다. 라 꼬루냐는 정말 아름다운 여인이었다고 전

게리온과 헤라클레스 신화

해지고 있다. 아무튼 1세기와 2세기 사이에 이 탑이 건설되었고 탑 안쪽에는 "MARTI AVG. SACR C. SEVIVS LVPVS ARCHITECTVS AEMINIENSIS LVSITANVS EX V°"라는 문구가 금속으로 된 판에 새겨져 있었는데, 그 의미는 "현재 코임브라 근처의 아에이니움의 건축가 가이오세비오 루뽀(Gaiosevio Lupo)가 루시타노와 약속을 지켜 아우구스토에게 이 탑을 바친다"는 뜻이다. 한편 현왕 알폰소 10세의 『총연대기』에서 수집한 13세기 자료에서는 앞의 전설과는 조금 다르게 서술하고 있다. 여기서는 꼬루냐 주민들을 공포에 떨게 한 거인 게리온의 이야기로 시작된다. 게리온은 폭군으로 꼬루냐 주민들에게 그들의 자녀를 산 제물로 자기에게 바치라는 명령을 내리게 되고 이 명령에 순복할 수 없었던 꼬루냐 주민들이 게리온을 처단하고 자신들의 자녀를 구할 수 있는 방법을 강구한다.

때마침 라 꼬루냐 지방에 제우스의 아들 헤라클레스가 오게 되고 꼬루냐 주민들은 그에게 도움을 구하는 사절을 보낸다. 헤라클레스는 그들의 요구를 받아들여서 게리온에게 결투를 신청한다. 고전분투하던 끝에 헤라클레스가 이기게 되고 게리온은 머리가 잘려서 죽게 된다. 헤라클레스는 주민들에게 승리를 기념하기 위해서 꼭대기에 커다란 횃불이 있는 탑을 세우라고 명령한다.

이후에 이 탑 가까이에 마을을 세우게 하고 그 마을에 와서 살고 있는 주민들의 이름을 모두 적도록 시킨다. 이 마을 주민 중에서 가장 먼저 이름이 적힌 사람은 제일 먼저 이 마을로 이주해 온 라 꼬루냐라는 여인이었다. 이 마을은 여인의 이름을 따서 라 꼬루냐라 불렸다. 1448년부터 폭군 게리온과 헤라클레스 탑이 라 꼬루냐 지방의 문장에 등장한 것도 이러한 전설 때문이다.

한편 거울에 얽힌 신화도 헤라클레스 탑과 관련된 신화다. 왕이자 헤라클레스의 조카였던 이스판(Hispán)이라는 왕은 지혜로웠다. 그는 탑의 가장 높은 곳에 거대한 마술 거울을 설치해서 항해하는 배가 항구로 들어오게 되면 그 배가 아군의 것인지 적군의 것인지를 구분하는 지표로 쓰게 되었다. 그리고 이쓰(Ith)와 브레오간(Breogán) 신화도 있는데 12세기 아일랜드 수도사들에 의해서 기록된 책에서는 브레오간이라는 왕이 브리간티아(Brigantia)를 건설하면서 브리간티아와 헤라클레스 탑을 함께 건설한 것을 명령했다고 전하고 있다.

어느 겨울밤, 브레오간 왕의 열 아들 중의 하나인 이쓰는 헤라클레스 탑에서 아일랜드 땅을 바라보다가 그 땅을 정복할 것을 결심하게 된다. 그러나 애석하게도 이쓰는 정복 길에서 암살되고 그의 시신은 브리간티아로 돌아오게 된다. 그의 형 밀(Mil)은 죽은 아우를 대신해서 아일랜드(THUATHA－DE－DANNAN)에 도착하여 수만의 병력에 맞서 싸워 승리를 거두게 된다.

2. 비시고트 왕국의 마지막 왕 돈 로드리고의 전설

스페인은 로마제국의 속박에서 벗어나자 게르만족의 일파인 비시고트족이 이베리아 반도를 점령하고 왕국을 세우게 된다. 비시고트 왕국은 왕국의 통일을 공고히 하기 위해서 기독교를 받아들인다. 그러나 이 같은 노력에도 불구하고 아랍에 의해 그라나다 전쟁이 발발하게 되고 비시고트의 마지막 국왕인 로드리고 국왕은 이베리아 반도의 대부

비시고트 왕국의 영토

돈 로드리고 국왕

분을 아랍인들에게 넘겨주어야 했다. 711년 우마이야 왕조에 속한 베르베르족과 아랍인들로 이루어진 무어인 군대가 이베리아 반도의 대부분을 차지하게 된다.

그런데 기독교 왕국인 비시고트 왕국의 멸망에 대해서 마지막 왕인 돈 로드리고를 둘러싼 신화들이 전해져 내려오고 있다. 비시고트 왕국이 왕위 부자 상속이 아닌 귀족들의 선거를 통한 선출이었다는 점으로 미루어 왕권이 미약했음을 짐작할 수 있다. 돈 로드리고는 사회적으로 어수선하던 시기에 왕국을 다스렸던 국왕으로 자신의 왕권 강화와 귀족의 권력 견제를 위해서 각 지역의 귀족의 자녀들을 수도인 톨레도에 데려다 놓게 하였다. 당시 지금의 북아프리카에는 원주민인 베르베르족이 거주하고 있었고 이 지역은 비시고트 왕국의 속령으로 베르베르족 태생의 돈 훌리앙 백작에 의해서 다스리도록 되어 있었다. 돈 훌리앙 백작에게는 아리따운 딸 마리아가 있었다. 그는 마리아를 돈 로드리고 국왕의 명대로 톨레도에 보내서 교육을 시키게 된다.

마리아가 톨레도에서 기거하면서 교육을 받던 어느 날, 돈 로드리고는 타호 강에 몸을 담그고 멱을 감고 있는 마리아를 발견하게 된다.

마리아를 보는 순간, 돈 로드리고 국왕은 그녀에게 첫눈에 반하게 되고 자신의 성적 욕구를 제어하지 못하고 마리아를 겁탈하고 만다. 마리아는 이 사실을 고향에 있는 아버지 돈 훌리앙 백작에게 고하게 되고, 백작은 딸의 정절을 잃게 한 돈 로드리고 국왕에 대한 복수를 결심하게 된다.

한편, 이 시기에 유럽 정복 길에 나선 무어인들은 이베리아 반도를 교두보로 하여 유럽을 정복하려는 계획을 하게 된다. 북아프리카의 최북단인 지브롤터 해협을 건너가 이베리아 반도로 북진하고자 하는 계획을 갖고 있던 무어인들에게 지브롤터 해협에 이르는 길을 열어 준 사람이 바로 돈 훌리앙 백작이다.

돈 훌리앙 백작은 돈 로드리고 왕에게 복수를 하기 위해서 비시고

로드리고 국왕과 라 플로린다(마리아)

트의 적군인 무어인들과 손을 잡게 된다. 그 결과 돈 로드리고 국왕은
톨레도에 있는 한 동굴로 피신하게 되고 거기서 자신의 죄를 뉘우치
게 된다. 동굴에 숨어 있는 돈 로드리고에게 독사가 나타나 그를 잡아
먹었다는 전설이 전해져오는데 이것은 돈 로드리고의 죄악이 너무나
크고 위중했기 때문이다. 돈 로드리고 국왕은 자신의 성적 욕구를 제
어하지 못함으로 인해서 결국 기독교 왕국이었던 비시고트 왕국을 이
교도인 무어인들에게 내어주고 말았던 것이다. 이로 인해서 무슬림의
지배를 받게 된 스페인은 성적 욕구를 지나치게 죄악시하는 경향을
갖게 되었고 지나치게 금욕적인 교리를 강조하게 되었다.

　이후 8백 년간에 걸친 무어인의 지배를 야기한 성적인 방탕 혹은
성적 욕구는 이후 스페인 사회의 강박관념에 가까운 금욕주의적인 성
향을 낳게 했다. 마리아의 겁탈 사건과 관련된 역사서에서 다음과 같
이 언급하고 있다.

> "끈질김으로 인하여 저주받을 변절자 훌리앙의 격노, 흉악하고 사악함으로
> 인하여 저주받을 분노, 왜냐하면 그의 격노는 끝이 없고 그의 증오는 제어할
> 수 없었기 때문이다. 그는 별안간 광기를 퍼부었다. 그는 충성을 잊어버렸으
> 며 법과 대치하면서 신을 비웃었다. 그는 조국의 법을 존중하지 않았고 몰인
> 정한 자로 주인을 살해한 자이고 자신의 집안과 원수가 되었고 조국의 파괴
> 자였다. 자신과 관련된 모든 이들에게 있어서 죄인이고 배신자이고 변절자였
> 다. 그의 이름은 이것을 말하는 자들의 입에서 씁쓸함이 되었고 그에 대한
> 기억은 이것을 이야기하는 자들의 가슴에 고통과 슬픔을 가져다주었다. 그리
> 고 그의 이름은 말하는 모든 자에게 영원히 저주받을 것이다."(현왕 알폰소
> 10세의 『총연대기』 중에서)

돈 훌리앙 백작　　　　　　　　현왕 알폰소 10세

　여기서 알폰소 왕은 조국을 배반한 훌리앙 백작을 저주하면서 왕의 공식화된 목소리로 자신의 감정을 표현하고 있다. 훌리앙 백작은 스페인의 공식적인 문서에서 최초의 변절자로 묘사되고 있다. 이렇게 알폰소 10세는 훌리앙에 대한 설화적 이미지를 만들어 유포시키는 계기를 마련했다. 앞서의 제사와 관련해 다음에 나오는 또 하나의 제사는 중요한 의미를 지닌다.

　"비잔틴과 베르베르인들 사이에서 벌어진 전투에서 아랍의 군 총통들은 아프리카로 영토를 확장해 나간다. 그러다가 이미 682년, 우크바는 대서양 해안에 이르게 된다. 그러나 무슬림 역사가들이 울안이라고 언급하는 신비에 싸인 한 사람에 의해서 아틀라스 산으로 후퇴하지 않으면 안 되었다. 이 사람은 곧 '훌리앙 백작'이라는 이름을 지닌 전설적인 인물이 된다. 우크바의 진짜 이름은 아마도 훌리앙 혹은 우르바노, 울발 또는 불리앙일지도 모른다. 아무튼 그가 베르베르인인지, 비시고트인인지 아니면 비잔틴인인지 확실치 않지만 백작이라는 작위로 미루어 볼 때, 한때 비시고트 왕국의 일부였던 지역 요새의 통치자였던 것 같다. 아니면 비잔틴인의 이름을 가진 제국의 총독이

었을 수도 있다. 아니면 더 정확히 베르베르인으로 가톨릭 부국의 우두머리
였는지도 모른다."(가르시아 데 발데베야노의 『스페인의 역사』 중에서)

이것은 훌리앙 백작의 정체성에 대한 애매모호성을 잘 드러내 주는
제사로 훌리앙 개인에 대한 정확한 정보가 부재함을 보여준다. 이것은
가르시아 데 발데베야노의 글 『스페인의 역사』에서 발췌한 것으로
앞에서 본 알폰소 왕의 글과는 사뭇 다르다.

앞의 글과 비교해서 전자가 훌리앙의 신화적인 면을 부각시킨 반
면, 후자에서는 훌리앙이라는 인물이 역사적으로 실존했던 인물인지
에 대한 의문을 제기하면서 신화적인 인물로서의 이미지를 탈색시킨
다. 그리고 이 두 개의 제사를 병치함으로써 앞으로 전개될 성스러운
스페인의 탈신화화에 대한 근거를 제시하고 있다. 알폰소 왕의 제사는 돈 훌리앙의 전설에 근거한 것으로 수세기에 걸쳐 허구적이고 신화적인 돈 훌리앙의 이미지 형성에 큰 영향을 미친 것으로 알려져 있다.

한편 호세 마리아 가스떼엣은 비시고트 제국의 패망 신화를 창세기에 등장하는 창조설과 연관시켜 로드리고 왕을 아담으로 돈 훌리앙의 딸 마리아를 사과에 비유하면서 로드리고 왕의

『돈 로드리고왕의 연대기』

타락이 신의 심판을 초래하게 되었다고 보았다. 다시 말해 8세기에 걸친 무슬림들의 스페인 침략과 수탈을 인류에 대한 신의 심판으로 보았던 것이다. 뿐만 아니라 성적인 방탕을 무슬림들의 전형적인 특성이라고 세뇌시킴으로써 그들에 대한 부정적인 시각을 고착화시켰다. 그 과정에서 기독교의 원죄설을 인용하여 인류 타락을 초래한 금단의 열매와 마찬가지로 성적인 욕구를 스페인인들의 원죄의 근원으로 보게 되었다.

이처럼 성이 무슬림의 스페인 침략을 야기한 악의 근원으로 지목되면서 에로티즘은 '피의 순수성' 정책의 일환으로 행해진 무슬림의 추방에서 무슬림들과 함께 추방되어야 할 아랍 문화의 잔재로 간주되었다. 그러나 20세기 친아랍적 작가로 알려져 있는 후안 고이띠솔로는 로드리고 왕의 성적 타락이 비시고트 기독교 왕국의 패망을 초래했다는 기존의 국가 신화를 전복시키고 있다. 그는 『돈 훌리앙 백작의 변론』이라는 작품에서 국토수복 이후 오늘날까지 국가 정신으로 자리잡고 있는 종교적 순수성을 속화시킨다. 이는 돈 훌리앙 백작을 통해서 스페인의 국가 신화에 의해 사장되어버린 에로티즘의 흔적을 재발굴하고자 하는 의도를 갖고 있는 것이다. 고이띠솔로는 성적 쾌락이 주는 죄의식에서 벗어나기 위해서는 가톨릭의 수직적이고 계급화된 피

돈 로드리고 국왕

라미드 구조에서 탈피해야 한다고 지적했다. 차별화된 위계질서 속에서 진정한 의미의 평등과 자유가 보장될 수 없다고 보았기 때문이다.

돈 훌리앙의 딸 '플로린다 라 까바'의 신화와 관련된 로만세를 소개해보면 다음과 같다.

3. 플로린다 라 까바의 신화

〈플로린다 라 까바의 몰염치함에 대한 로만세〉

까바는 궁궐의 탑에서 나와 후문 쪽으로 갔다.
환희와 축제의 분위기에 들뜬 다른 처녀들과 함께 그늘진 숲 가까이에 있는 정원으로 들어갔는데
그곳에는 재스민과 아라야네스, 포도덩굴과 포도송이가 그득했다.
창포와 붓꽃 사이로 여섯 개의 작은 관에서 크리스털 금빛의 분수가 솟아오르고 진주가 굴러가는 소리가 났다.
처녀들은 그곳에서 쉬면서 젊음의 열기와 여름의 더위를 식히고 있었다.
그녀들의 가슴에 물을 뿌리면서 시원함을 더듬고 있었다.
까바는 그녀들 중에서 제일 먼저 옷을 벗었는데, 어둠이 깃든 저수지에서 그녀의 육체는 너무나 아름다워 만물이 태양빛에 가리어지듯 다른 처녀들은 까바의 미모에 빛을 잃었다.
까바는 혼자 있다고 생각했었다. 그러나 로드리고 왕이 빽빽한 숲 사이로 창문을 통해 그녀를 바라보고 있었다.
교만한 마음속에 불길이 일어났다. 사랑은 그의 날개를 펴고 순식간에 로드리고 왕을 불살라버렸다.
스페인의 상실의 불길함이 고개를 들었다. 그것은 한 처녀의 무모함과 그녀에게

굴복해버린 한 남자 때문이었다.
플로린다는 꽃이 꺾였고 왕은 벌을 받았다:
그녀는 그가 강제로 그녀를 범했다고 했고 그는 그녀가 원해서 했다고 했다.
만약 그 둘 중에서 누가 죄가 크냐고 묻는다면 사람들은 이야기할 것이다: 남성
들은 까바, 여성들은 로드리고라고.

이 신화는 스페인 비시고트 왕국의 멸망과 관련된 로만세이다. 이 로만세는 7개의 로만세 중에서 첫 번째 것에 해당된다. 로만세의 기원은 중세 영웅들의 무훈을 노래하는 중세 무용 찬가에서 비롯된다. 수세기를 지내오는 동안 무훈가는 일반 민중의 관심을 끌 수 있는 창조적인 요소들이 함께 덧붙여지게 된다.

로만세는 시장이나 광장, 그리고 축제 때에 불리게 되는데 이런 이유로 스페인 중세 연구자였던 메넨데스 삐달은 "재생"이라는 표현을 쓰게 되었다. '플로린다 라 까바'라는 제목은 8음절의 로만세 시에 나

톨레도 왕국 아래의 타호 강

프란츠 사버 빈터할터의 「플로린다(Florinda)」

타난 제목으로 주로 다루는 주제는 '운명적인 뻔뻔함'이다. 여기서 '운명적'이라는 말은 '호소할 길이 없는 운명'이라는 의미로 남성으로서 피할 수 없는 운명적 순간을 의미하는 것이다.

다시 말해서 우리가 접하게 되는 피할 수 없는 운명을 뜻하는 말로 여기서는 플로린다 까바의 몰염치하고 경박하고 조심성 없는 뻔뻔함이 결국 한 남자뿐 아니라 왕국 전체의 운명을 결정짓게 되었다는 데에서 기인한 말이다. 중세 시대에는 여성들에게 있어서 '순결' 혹은 '처녀성'이 생명만큼이나 중요한 것이었다. 그럼에도 불구하고 플로린다 까바는 철면피로서 수치를 모르고 옷을 벗고 목욕을 함으로써 자신의 순결을 책임지지 못하는 죄를 범한 것이다.

이름을 좀 더 살펴보면 이름에서도 정체성을 알 수가 있다. '까바'

는 왕의 포도주를 보관하던 장
소를 이르는 말로서 그녀가 로
드리고 왕에게 술과 같은 역할
을 했다는 것을 의미한다.

로드리고 왕의 열정을 일깨
우는 묘약의 역할을 해서 그를
정신을 잃게 할 만큼의 광기를
유발하고 모든 감각을 마비시
켜버렸다.

중세 후글라르

그리고 '플로린다'라는 이름은 인간을 만들어낼 수 있는 자연미를 이
야기한다. 꽃들이 발산하는 향기처럼 그녀의 존재는 자신의 미모와 젊음
그리고 충만한 생기를 발산하는 향기를 가진 꽃과 같았다. 꽃은 또한 순
결과도 통하는 것으로 순결은 중세시대 여인들의 미의 조건이기도 했다.

'플로린다 라 까바'의 로만세 일곱 편을 간단히 소개하고자 한다.

첫 번째 로만세는 까바가 목욕을 하고 있을 때 로드리고 왕이 그녀
를 훔쳐보고서 그녀의 아름다움에 반하는 장면으로 당시 어느 누구도
상상할 수 없었던 스페인 멸망의 단초가 된다는 것을 노래한다.

두 번째 로만세는 까바와 로드리고와의 만남을 노래한다. 로드리고
왕은 그녀에게 사랑을 고백하고 시에스따 시간에 대기실로 오라고 말
한다. 그녀는 그의 사랑을 심각하게 생각하지 않았지만 그가 시킨 대
로 방으로 간다.

세 번째 로만세에서는 라 까바가 로드리고의 방으로 들어가고 거기에
서 강간을 당한다. 그녀의 말에 따르면 그것은 당사자 간의 합의에 의한
것이 아닌 일방적이고 강제적인 성폭행이었다. 이후에 그녀는 자신의

로드리고 왕과 플로린다의 밀회

아버지인 돈 훌리앙 백작에게 자신이 당한 일을 편지로 써 보낸다.

네 번째 로만세에서는 돈 훌리앙 백작이 스페인의 적인 무슬림들과 협약을 맺는다. 돈 훌리앙 백작은 그의 딸에 대한 복수를 꿈꾸며 스페인의 전 영토를 그들에게 바친 것이다.

다섯 번째 로만세에서 로드리고 왕은 돈 훌리앙 백작의 배신과 배신으로 인한 스페인의 멸망을 알리는 전조의 꿈을 꾸게 된다.

여섯 번째 로만세에서는 로드리고 왕이 국경까지 이르러 스페인의 멸망을 눈앞에 두게 된다. 그것은 그에게 죄의식과 고통을 안겨주었다. 그는 자신이 받아 마땅할 죄의 속죄를 위해서 멀리 떠나게 된다.

마지막 로만세에서는 돈 로드리고에게 한 목자가 나타나서 속죄의 의미로 검은 빵을 준다. 돈 로드리고는 빵을 먹으면서 자신이 잃어버린 것들에 대해서 생각한다. 그는 한 은자를 찾아서 그에게 벌을 주라고 부탁한다. 천벌이 내려 그는 산 채로 매장되고 한 뱀이 나타나 그

이베리아를 침입한 무슬림

를 잡아먹는다.

우리들은 이 로만세를 크게 세 부분으로 나눌 수 있다. 첫 번째 부분은 까바의 소개, 두 번째는 돈 로드리고 왕과의 만남, 마지막으로 이들 만남의 결과이다.

로만세는 여성 등장인물의 경제적인 지위를 공간적으로 표현하게 된다. "궁궐의 탑 중의 하나"라고 언급하고 있는데 여기서 탑에 대한 언급은 여성 주인공의 행위를 암시하는 단어다.

그녀는 귀족 출신이므로 높은 위치에서 자신의 아름다움을 한껏 뽐낸다. 탑은 하늘에 가까운 것으로 하늘에서 내려온 천사를 연상시키면서 돈 로드리고 왕의 성적인 타락이 인간적인 요소에 의한 것이라기보다는 초자연적인 요소에 의한 것이었음을 보여준다. 그러나 이러한 천상의 아름다움은 그 위치를 아래로 이동하면서 지상적이고 세속적인 것으로 바뀌어간다. 라 까바는 탑에서 내려와 정원으로, 정원에서 다시 연못으로 내려가면서 세속성을 더해간다.

궁전은 그녀의 고귀함을 반영할 뿐 아니라 궁궐에서 살고 있는 이들이 가질 수밖에 없는 여러 가지 구속을 의미한다. 궁에 사는 여인들은 그들의 지위에 걸맞은 여러 가지 정해진 법규에 따라야만 한다. 그래서 그녀가 "나갔다(salió)"라는 단어는 그녀를 비롯해서 궁에 살고 있던 처녀들이 벗어나고자 하는 욕망을 드러내고 있을 뿐 아니라, 이제까지 억눌러 있던 성적 욕구와 장난기 등을 표출시키고자 하는 욕구를 드러낸다("후문으로 나갔다").

특히 정문이 아닌 후문으로 나갔다는 것은 자신들의 본성을 한껏 즐기려고 하는 의도를 눈치 채지 않게 몰래 도망하고자 하는 의도가 다분히 담겨 있다. 중세시기에는 육체적인 욕구, 감각적인 모든 것은 악으로 간주되어졌기 때문에 로만세에서는 이러한 중세적 규정으로부터의 탈출을 위반으로 보고 있다. 여성 주인공과 처녀들의 행위는 즐거움과 환희, 기쁨에서 비롯된 것이다. 아마도 라 까바가 처녀들의 우두머리였던 것으로 보인다. 그녀는 당시 여성들에게 부과되었던 순

지브롤터를 건너온 무슬림

결이나 정조와 같은 규율을 지키지 않는 데에 앞장서고 있다. 처녀들은 라 까바에게 속해 있는 하녀들인 것으로 추정되고 그녀와 함께 향락에 빠지고자 한다. 이러한 행위는 돈 로드리고 왕의 죽음과 전 왕국의 파멸을 자초했던 성적 타락을 초래하는 동기가 되었다고 볼 수 있다. 축제의 풍토는 여름의 열기에서 비롯된다. 육체적인 휴식을 찾다가 라 까바는 정원의 자유를 만끽하게 되었고, 그곳에서 자유와 꽃이 지닌 신선함과 충만함을 그리고 아름다움을 발산하게 된다.

"빽빽한 음지"를 찾는다는 것은 태양의 열기로부터 숨을 수 있는 곳을 찾는다는 뜻으로 이중적인 의미를 갖는다. 한편으로는 그녀들을 열기로부터 보호한다는 의미가 있고, 다른 한편으로는 왕이 몰래 숨어서 그녀들을 바라볼 수 있는 장소를 나타낸다고도 할 수 있다. "까바는 왕에게 포도주를 제공해주는" 곳인 만큼 그 이름에서 까바는 왕을 취하게 함으로써 그에게 해를 끼치는 운명이었다고 볼 수 있다. 따라서 까바는 ‘보호’라는 의미에서 ‘어둡고 음흉한 곳’으로 바뀌게 된다.

그럼에도 불구하고 이러한 의미를 숨기고 후글라르는 정원에 피어 있는 꽃의 아름다움을 천상의 그것에 비유하면서 요정들의 아름다움과 싱그러움을 한껏 노래한다. 요정들은 숲을 지키는 신화적인 존재들로서 숲의 여기저기를 쏘다니면서 만끽하고 있다.

정원에 있는 분수는 등장하는 처녀들의 활기참에서 오는 충만함을 보여주고 있다. 라 까바는 처녀들과 함께 물을 흩뿌리면서 생기발랄함을 즐긴다.

여섯 개의 분수 중에서 “금빛 물빛”이 의미하는 바는 로만세에서 등장하는 상투적인 표현으로 젊은 여인들의 순결을 의미한다. 왜냐하면 금빛은 처녀성을 뜻하기 때문이다. 처녀성은 여성들이 지니고 있는 보석일 뿐 아니라 성서에서도 그와 같은 가르침을 보여주고 있기 때문이다. 금은 성스러움과 순수함, 그리고 고결함을 상징한다.

분수가 지닌 아름다움은 금빛 물빛뿐 아니라 “크리스털과 울려 퍼지는 진주”의 비유에서도 잘 드러나고 있다.

물방울은 크리스털처럼 투명하고 섬세한 마술적인 효력을 갖는데 이는 라 까바와 같은 처녀들이 갖고 있는 매력과도 통한다. 물이 흘러가는 소리가 지닌 아름다움은 시간의 흐름을 생각나게 하고 결코 제어할 수 없는 매력을 지닌다.

로드리고 왕이 라 까바를 본 순간 그녀로부터 벗어날 수 없는 마력에 걸려든 것처럼 그는 까바 때문에 돌이킬 수 없는 사건에 휘말리게 되고 라 까바 역시 자신의 처녀성을 잃게 된다.

휴식을 취하고 있던 처녀들은 비단 여름의 열기로부터의 탈출을 꿈꾸었다기보다는 젊음이 갖는 열정을 식히기를 원했다고 말할 수 있

헤라클레스 동굴 입구

다. 육체적인 욕망과 열정은 쉽게 꺼지지 않는 법이라 여성이 이러한 열정을 몸에 간직하고 있다는 것은 어느 정도 위험요소를 품고 있다는 말과 통한다.

라 까바는 이러한 열정을 끄기를 희망하면서 과감하게 규율에 어긋난 행동을 한다. 먼저 그녀의 팔뚝을 적시고 몸을 더듬게 되자 처녀들도 그녀를 따라서 열기를 식히기 위해서 대담한 행동을 하게 된다. 열기와 한기를 동시에 느끼던 라 까바는 갑작스럽게 자신의 주체할 수 없는 젊음을 발산하고픈 명랑함에 빠져든다. 여기서 물은 관능적인 요소로서 작용하게 되고 중세시대 목욕탕이 갖는 관능성을 그대로 상징한다. 따라서 아랍 목욕탕 성적인 방탕함을 의미하는 대표 명사로 사용되기도 했다. 라 까바가 옷을 벗기로 결정했다는 것은 곧 당시 중세시대의 도덕적인 규율을 벗어던졌다는 것을 의미한다.

이 네 개의 시구에서 까바의 육체적인 아름다움을 묘사하면서 자연스러움을 강조하고 있다. 빛과 어둠 사이의 대조를 통해서 후글라르는 청중이 스페인 왕국의 패망과 로드리고 왕의 파멸을 불러일으킨 라 까바의 육체에 관심을 집중시킨다. 후글라르는 빛과 그림자를 대조시키면서 까바의 빛나는 육체를 돈 로드리고 왕을 파멸시키는 악에 대조시킨다.

동시에 이 같은 논리는 로드리고의 죄악을 경감시키는 역할을 한다. 물은 라 까바를 비롯한 처녀들의 숨은 열정과 욕구를 자극하는 동기가 되어 라 까바가 옷을 벗는 자극제가 된다. 물론 라 까바와 로드리고 왕 사이에 누구의 잘못이 컸는가에 대해서는 논란의 여지가 많다. 후글라르는 그 둘의 어느 편도 들지 않고 객관적인 태도를 취하려는 입장을 보인다.

여기서 이 모든 일이 그 누구의 의도된 일이었다기보다는 운명적인 일이었다는 느낌을 풍긴다. 라 까바는 순결을, 로드리고 국왕은 명예를 잃게 되는데 이것은 생명과 동일한 가치로 취급될 만큼 소중하게 여겨진다. 다시 말해서 왕실의 상실이 까바의 순결에 상당하다고 할 수 있다.

사건의 발단은 너무나 단순했다. 그것은 시편에서 다윗이 밧세바를

톨레도를 감싸고 도는 타호 강

보고 죄를 짓게 되었던 이야기와 유사하게 라 까바를 바라보는 로드
리고 왕의 시선이 발단이 된 것이다. 왕이 처녀들의 나체를 몰래 훔쳐
보는 죄를 저지른 것이나, 라 까바를 비롯한 처녀들이 젊음의 열정을
식히려고 당시의 윤리적인 규범을 어기고 함부로 행동하고자 했던 것
을 스페인 왕국의 파멸과 같은 수준의 죄로 치부한 것이다. 돈 로드리
고 왕으로 하여금 죄에 빠지게 했던 것은 그의 성적인 본능이었고 라
까바 역시 그녀의 젊음의 열정이었다. 그들이 지닌 열정과 본능의 힘
은 아무도 제어할 수 없는 것이었고 그 근간을 이루고 있는 것이 오만
함이었다. 본능의 힘과 오만함이 서로 결합하면서 치명적인 사건을
불러오게 된다. "누가 왕의 이러한 욕망을 거부할 수 있겠는가?

열정은 로드리고 왕을 불태우게 되고 그의 수명마저 단축시키게 된

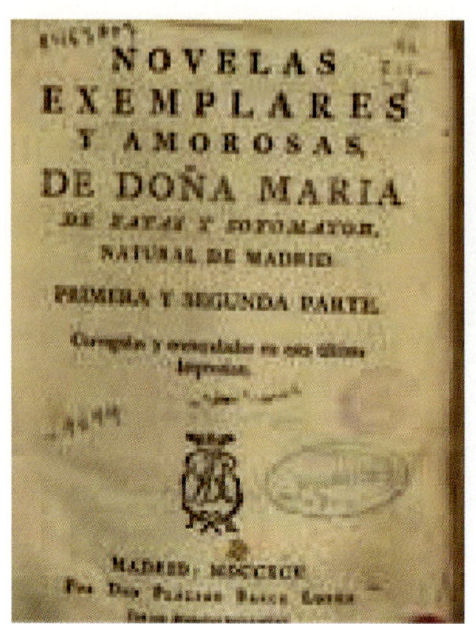

『모범연애소설』

마리아 데 사야스

다. 동시에 이러한 사랑은 마치 신인 것처럼 제어할 수 없는 힘을 갖게 된다. 사랑은 갑작스럽게 찾아오고 자유롭게 날아다니며 사람의 마음과 운명까지 사로잡아버린다. 사랑은 큐피드처럼 비록 작은 것이지만 모든 악의 동기가 된다. 비록 중세에 그리스 라틴 문화에 대한 기록이 출판된 것은 아니지만 고전에 대한 깊은 고찰이 작품 곳곳에 드러나 있다.

로드리고 왕의 사랑은 스페인의 멸망이라는 시각에서 볼 때 대중들에게 낭만적인 의미보다는 비판적이고 부정적인 시각으로 비쳐질 수밖에 없다. 비록 후글라르가 라 까바와 로드리고 왕 중에 어느 누구의 잘못인가를 따지고 있지는 않지만, 이들의 사랑은 이미 개인적인 감정을 떠나 집단적이고 종교적인 문제로의 심각성을 띤다. 라 까바는 돈 로드리고가 자신을 강제로 범했다고 주장하고 로드리고는 라 까바가 자신을 좋아했다고 하면서 자신의 행위를 정당화하고 있다. 이러한 논쟁은 결국 여성과 남성의 논쟁으로 바뀌면서 이분법적 성격을 띠게 된다. 여성 대 남성의 이분법적인 논리는 이후 일찍이 16~17세기 여류 작가인 마리아 데 사야스(María de Zayas)의 출현을 예고한 것이었다. 마리아 데 사야스는 『모범연애소설(*Novelas ejemplares y amorosas*)』이라는 작품을 통해서 당시 남성들의 가부장적이고 여성혐오주의적인 시각을 비판하고 여성 스스로의 목소리를 찾고자 했다.

참고문헌

임주인(2008) " The Resurrection of the Count Julián in the Age of Globalization", *The Mediterranena Review*, Vol. 1, Number 2 p. 63

García Moreno, L. A. *El fin del reino visigodo de Toledo: decadencia y catástrofe; una contribución a su crítica.* Madrid, 1975.
Orlandis, J. *Historia de España. La España visigótica.* Madrid, 1977.
Roca Martínez, C. *El crepúsculo del reino visigodo de Toledo.* Toledo, 2001.

골(Gaule)의 켈트 신화와
사회로 보는 프랑스*

장니나

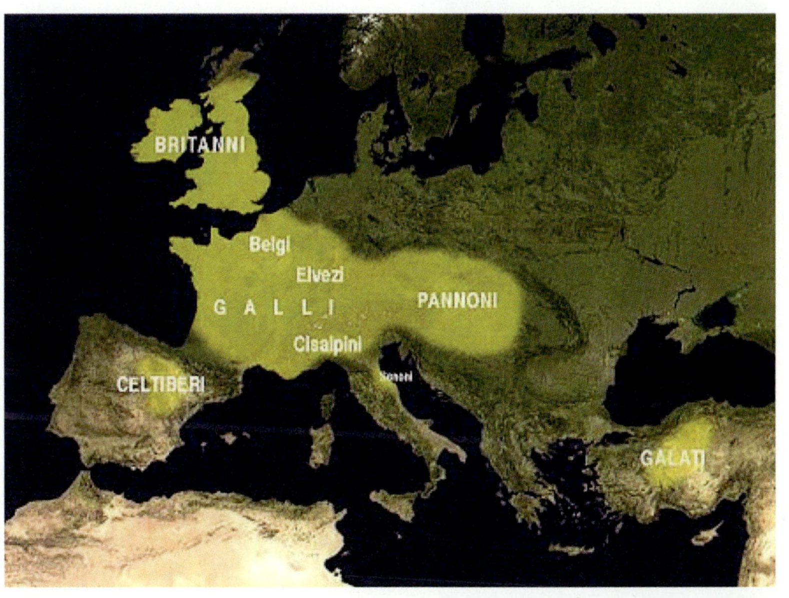

기원전 3세기 켈트 문명의 전파
ⓒ위키피디아 프랑스판

---

* 본 글은 역사학, 고고학의 근거로 프랑스 언어와 사회 현상을 연구하는 저자의 전공에서 해석하고 있는 갈리아 켈트의 신화를 언급하고 있음.
* 본 글의 그림들은 모두 퍼블릭 도메인을 사용하였음.

1. 골 켈트 신화의 여정을 따라서

James George Frazer
스코틀랜드 문화인류학자(1854~1941)

Sigmund Freud
정신분석학의 창시자(1856~1939)

프랑스에서 신화(Mythologie)는 그리스어(μυθολογία, μῦθος, λόγος)의 여러 단어에서 그 기원을 찾고 있으며 문명과 종교가 관련되어 있는 전설, 비유, 나아가 한 사회의 행동, 가치관을 상징하는 이미지로 정의된다. 그 속에 담긴 이야기에는 인간, 신, 거인이 등장하고 고대문명과 종교적 시스템, 전통 사회를 만날 수 있다.

학문으로서의 신화는 사실주의자와 도덕·윤리학자들의 고대 시대 재해석에 근거하여 연구되었고 19세기에는 사회과학의 프레임 안에 문화인류학의 영역으로 시도되었다. 또 비교 신화학이 출현하면서 비교 언어학의 모델이 되고 20세기부터는 정신분석, 구조주의 분석적 접근에 의거하여 신화를 연구하는 경향이 생겨났다.

한편 신화의 사회적 의미로 보면

비단 전설과 과거의 이야기로 남아 있는 것이 아니라 한 사회의 정체성과 문화를 이루는 바탕이 되어 현대까지도 살아 숨 쉬는 생명의 이야기다. 이렇듯 신화가 갖는 현대성으로 볼 때 우리의 여정은 비교 신화학에서 말하는 서유럽의 신화(mythologies d'Europe de l'Ouest)[1] 중 골의 켈트 신화(celtique gauloise)를 통해 프랑스인의 기원을 찾아가는 여행이자 프랑스인의 정체성과 문화의 기저에 바탕을 이루고 있는 종교·언어적 요소들을 따라 가보는 길일 것이다.

그렇다면 신화는 어떻게 우리에게 전해졌을까? 언어의 발달사에서 살펴보면 문자가 없이 구술어로 의사소통을 하던 고대의 구술문화에서 전승되어 문학, 조형, 회화, 조각, 도자기, 음악, 춤 등으로 융합되고 각색된 것으로 추정된다. 또 현대에서는 비예술적인 기록 문헌인 로마의 세자르와 같은 정치가들의 담론, 과학기술, 의학 등에서도 신화의 흔적을 참조할 수 있으며 영화, 만화 역시 전달의 매개체가 되어 왔음을 알 수 있다.

또 아일랜드, 웨일즈, 프랑스, 스페인 북부 등지에 남아 있는 켈트 신화는 '중세 원탁의 기사이야기', '아더 왕 전설'을 비롯하여 현대의 프랑스 국민만화『아스테릭스』, 영국의『해리 포터』등에 켈트 신화적 요소를 일정 부분 담아내고 있기 때문이다. 특히 프랑스의 골 켈트 신화는 세자르의『갈리아 전쟁기』에 적힌 역사적 사실에 많은 부분을 의존하고 있다.[2]

골의 켈트적 요소를 언급하기에 앞서 유럽의 원시문명인 할슈타트 문명(Hallstatt)[3]과 라 텐느 문명(La Tène)[4]이 어느 시기에서 켈트 문명

---

1) 서유럽의 신화로는 바스크(basque), 브르타뉴(bretonne), 켈트(celtique), 웨일즈 켈트(celtique galloise), 골 켈트(celtique gauloise), 아일랜드 켈트(celtique irlandaise), 에트루리아(étrusque), 게르마니아(germanique), 그리스(grecque), 피레네(pyrénéenne), 로마(romaine), 스위스(suisse) 신화로 구분하기도 함.

2) http://www.asterix.com/index.html.fr?rub=francais

원탁의 기사

아더 왕의 전설 속 바위와 칼
ⓒ위키피디아 프랑스판

과 공존했음과 주변 문화 간의 접촉과 수용으로 이문화 간 융합현상이 있었으며 이는 여러 곳에서 나타나는 언어의 생성, 발달과 공통적으로 발견되는 유물들을 비교하여 가설을 세울 수 있다.

골 켈트는 고대 프랑스 지역인 골(Gaule, 영어로는 갈리아)에 살고 있던 켈트족과 켈트 문화를 지칭하는 것으로 로마와 영국에서 켈트어를 연구하는 과정에서 켈트의 확산을 추정하게 되었고 역사고고학의 발견으로 언어의 이동 및 켈트 문화 경로를 고찰하게 되었다. 오늘날 영국 스톤헨지의 거석 형상과 프랑스 브르타뉴 지방의 카르낙 거대 선돌벌판이 켈트의 공통적인 역사 흔적으로 주목받아 왔다.

카르낙(Carnac)의 거석문화(La civilisation des mégalithes)는 브르타뉴 지역어로 '작은 바다'라는 뜻의 Mor-Bihan 해안가에 집단적으로 선돌벌판을 이루고 있다. 이 돌들은 오랫동안 켈트족 기원의 실체로서 골족의 신관종교(druide)와 연관 되어져 왔다. 신화에는 문명, 종교, 언

---

3) 제1철기시대(B.C.1300년경~400년경)에 생성된 원시문명으로 현 오스트리아 잘츠카머구트에서 할슈타트 광산 책임자였던 게오르그 람자우어에 의해 1846년부터 1876년까지 발굴되었고 이후 여러 고고학자들에 의해 재발견되고 유럽의 원시문명으로 명명되었음.

4) 제2철기시대(B.C.460년경~30년경)에 생성된 원시문명으로 현 스위스 티엘 하구의 느샤텔 호수에서 1857년 프리드리히 슈봐브 대령에 의해 발견되어 고고학자들이 할슈타트 문명과 함께 유럽의 원시 2대 문명으로 명명하였음.

'아스테릭스' 만화 및 영화 포스터
ⓒ위키피디아 프랑스판

어가 존재해왔듯이 이 선돌벌판은 드루이드 사제의 예언 능력을 증명하듯 일·월식을 예견하고 농업 관련 중요한 시기를 결정지으며 해와 달에 대한 예배의식에 부합하는 종교기념물 혹은 거석으로 대변되는 풍요의 상징으로 해석되기도 했다. 이 지역은 프랑스에서 유일하게 고속도로가 없는 지역으로 고대의 자연을 보존하고 있는 곳이자 해안가를 중심으로 드넓게 펼쳐진 돌들의 위상이 긴 세월의 수수께끼를 감추고 있는 듯 신비스러운 옛 마을이다.

바다를 마주하고 수만 톤의 바위들과 수천 개의 돌들로 구성된 카르낙은 물리학자, 기하학자, 역사고고학자 등의 연구에 힘입어 여러 가지 가설이 제기된 곳이다.

한편 브르타뉴 거석은 기원전 4000~1800년 사이에 바다에서 건너온 알려지지 않은 민족에 의해 세워졌으며 그들은 부락을 이루어 농경과 어획으로 살아온 종족으로 사회조직을 구성하여 선돌 사원에 모신 자신들의 신에게 경배를 드리고 사자(死者)를 고인돌 아래 매장하고 제사를 지냈다는 이견[5]도 있다. 그러나 카르낙이 골의 아르모리크

---

5) 백인호, "Carnac", 『월간 불어 *France et Français*』, 1993, pp.1 – 5.

스톤헨지

(Armorique: 브르타뉴 지방의 골 켈트어식 표기) 지역에 있는 고대 선사 시대의 중심지로 선사시대 박물관인 Miln—Le Rouzic[6]의 유물을 통해 북방문화와 지중해 문화가 서로 만나는 지점임은 분명하다. 16세기

카르낙의 거석
ⓒ위키피디아 프랑스판

프랑스 작가 라블레의 *Banqueter les escaliers*에서 주인공 Pantagruel 이 고인돌 작업을 묘사하고 있고, 17세기에는 Saint Cornély 성당이 봉헌됨으로써 이 거석 문화는 수호자로서의 종교적 의미도 내포하게 되었다.

---

6) 카르낙이 고향인 Zacharie Le Rouzic(1864~1939)은 스코틀랜드 고고학자인 Jame Miln과 함께 이곳에서 빠져나간 유물들을 한곳에 모아 박물관을 세움으로써 평생을 이 지역 선사 시대 유물 보호에 헌신했음.

카르냑의 선돌들
ⓒ위키피디아 프랑스판

2. 켈트 문명과 언어

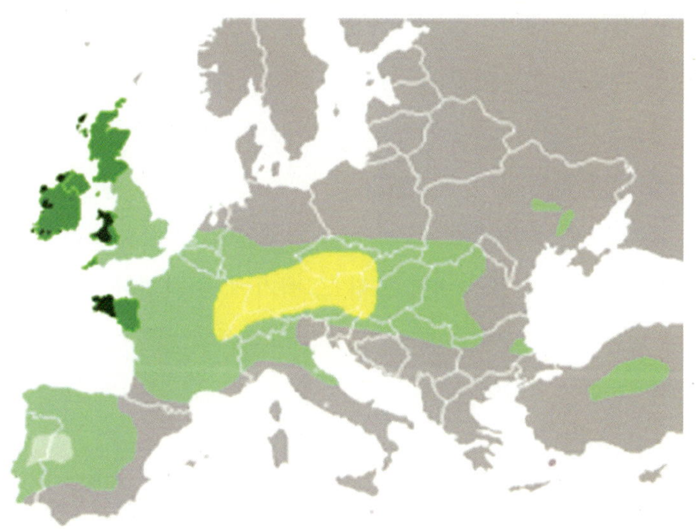

켈트어 사용 지역
ⓒ위키피디아 프랑스판

켈트(Celtes)란 용어는 그리스 지리・역사학자이자 작가였던 Hécatée

de Milet가 기원전 517년에 "나르본은 켈트의 도시이고 마살리아는 리구리아인의 도시"라고 언급했으며 Κελτοί란 용어는 Galatai로 사용되었으며 라틴어로 Celtus는 그리스어를 원용해서 불렀다. 그 의미는 "전쟁, 전쟁의 여신, 수준이 높은"(guerre, déesse guerrière, élevé)이라는 학설과 인도-유럽어로 "keleto"(빠른)라는 기원설도 있다.

켈트 문명은 인도-유럽 어족의 선사시대 문명을 지칭하는 것으로 켈트어를 공통으로 사용하고 켈트문화적인 어떤 공유점을 계승, 발전시킨 유럽과 소아시아에 걸친 지역에서 발생하여 확산된 문명이다.

기원전 2000년경 도나우 강 주변 독일 남부에서 발원한 켈트 문명이 기원전 800년경 독일, 프랑스, 영국으로 퍼져나갔고 일부는 기원전 750년경에 스페인으로 남하하였으며 체코, 오스트리아, 프랑스 북동부에 폭넓게 분포하였다. 철기시대에 시작된 문명이 중세 초기까지 이어졌으며 한 문명의 확산은 언어의 역사성에 관한 연구를 통해 더욱 상세하게 알려지기도 했다.

그리스 역사학자 헤로도토스에 의하면 켈트는 이베리아 반도에서 루마니아까지의 공간 속에 프랑스, 벨기에, 이탈리아 북부, 독일 남부, 슬로바키아, 슬로베니아, 오스트리아, 헝가리 등을 포함하고 있으며 역시 그리스 지리역사학자 스트라봉은 켈트의 중심은 프랑스 남부라고 지적했다.

결국 골에 침입했던 그리스와 로마는 골을 정의하고 설명하는 과정에서 켈트란 용어를 사용하였으며 골에 정착한 켈트를 켈트 문명의 중심으로 보았을 것이다. 골에서 바다를 건너 브리타니아로 건너간 켈트, 이후 스페인 북부로 이동한 켈트 등 여러 지역으로 확산된 켈트 문명은 켈트 언어를 통해 그 접점을 찾고 있다. 나아가 켈트인들은 문명에 대한 기록을 많이 남기지 않았지만 다양한 지역에서 꽃피운 예

술은 주변의 문화와 교류를 했으며 에트루리아, 그리스, 라틴, 게르마
니아, 기독교 문화와의 융합으로 발전해 나갔다.

　여러 지역으로 전파된 켈트 신화의 공유점이 켈트 언어의 형성과
확산에 기인했다고 말할 수 있는 부분이기도 하다. 프랑스어 사(史)에
서는 갈로·로마 시대 민중 라틴어에서 발생된 고대프랑스어의 형성부
터 프랑스 언어의 역사로 가르치던 시기가 있었다. 그러나 고고학이
발전하면서 역사고고학적 문헌, 유물로 인해 갈로·로마 문화 이전의
골 지역에 존재했던 언어, 사회, 민족, 교류 등이 과학적 학습 자료로
알려졌고 프랑스의 조상에 대한 관심을 신화의 측면에서 본격적으로
갖게 되었다.

지중해
ⓒ위키피디아 프랑스판

당대 사회를 이루고 있는 언어의 기원에 대한 관심은 자연스러웠으며 문화 교류의 증거로서 언어 간 접촉현상을 주제로 유사한 언어들과의 비교연구방법이 사용되었다. 바로 로망어 연구자들과 영국의 켈트어 연구자들의 언어 비교연구에 의해 골어가 주목받기 시작했다. 프랑스 골어 연구자인 G. Dottin에 따르면 골어에 대한 연구가 프랑스 내에서 흔치 않았던 1498년 로마의 Annius de Viterbe(1432~1502)이 골어 어휘 목록을 세상에 내놓았고 Beatus Rhenanus(1485~1547)는 골어가 게르만어와 다르다고 주장하며 영국에서 사용하는 언어와 유사하다는 가설을 내세웠다. 한편 Guillaume Postel(1560~1681) 같은 학자는 브르타뉴어와 프랑스어는 동일한 언어이고 골어와 그리스어가 유사하다는 주장을 하기에 이른다. 이는 고대 그리스가 지중해를 중심으로 상업 활동을 하던 중 기원전 600년경 마르세유 해안가에 정착하여 전체 골에 영향을 준바, 언어의 혼용표기가 남아 있으므로 당연한 연구 결과로 볼 수 있다.

이후 켈트어 계열인 웨일스어와 골어를 비교하기도 하고 세자르가 브르타뉴어와의 유사성을 기록으로 남겼다는 등의 역사·지리 언어적 논쟁이 거듭되었다. 여기에서 지중해를 중심으로 한 언어 기원설이 제기되는데, A. van Schrieck(1560 ~ 1621)이 모든 언어의 기원이 히브리어임을 내세웠던 것이다. 이는 지중해를 장악했던 페니키아인이 사용한 페니키아 문자가 알파벳의 기원으로 알려져 있고 페니키아어는 고대 히브리어의 조상이므로 원론적으로는 맞는 이야기인지도 모르겠다.

나아가 골어에 대한 연구는 17세기 영국을 비롯한 유럽에서 언어 사전들이 출간되는 사회적 분위기에 힘입어 켈트어 연구로 명명되었다. 켈트어 계열인 웨일스어, 브르타뉴어, 골어의 비교연구가 1804년

Jacques Cambry
켈트 아카데미 창시자(1749~1807).

J. A. Dulaure
역사고고학자(1755~1835)로 켈트 아카데
미의 중요 연구자였음.

켈트 아카데미를 시작으로 1814년 프랑스 고대사회 연구센터로 전환되면서 언어 간 비교 연구가 본격화되었다.

그 연구 결과 골어는 아일랜드와 스코틀랜드에서 사용되는 게일어와 웨일스어, 브르타뉴에서 사용되는 브리소닉어처럼 크게 인도-유럽 어족에 속하는 켈트어라는 사실이다. 다시 켈트 어는 두 언어 줄기로 나눈다. 그 기준은 숫자 4, 5를 /p/로 시작하느냐 혹 /c/로 시작하느냐에 따라 구분되었다. 섬 켈트어인 브리소닉어는 /p/계열로 브르타뉴어, 콘월어, 웨일스어를 포함하고 있다. 반면 내륙 켈트어인 게일어는 /c/계열로 아일랜드와 스코틀랜드에서 사용하는 게일어와 맹크스어를 포함하고 있다. 골어는 고대 브리소닉어와 더 유사하다는 결론에 도달했다.

이렇듯 언어의 기원을 밝히는 과정이 하나의 켈트 문명으로 귀결되는 경로가 되었으며 신화에 대한 연구에 과학적인 근거를 심어주게

된다. 게다가 켈트 신화는 켈트문명이 발현한 지역의 언어뿐만 아니
라 선사시대와 고대의 종교와 연관성이 있다. 켈트의 언어와 종교를
알 수 있는 골 켈트의 사회를 살펴보자.

3. 프랑스의 선사, 고대의 땅, 골(Caule) 켈트의 사회[7]와 종교

고대 프랑스 지역에 대한 켈트 문명의 이식은 기원전 4세기 알프
스 이편 골(Gaule Cisalpine)의 론 과 포 계곡에 거주한 골족이 기원전
380년경 로마에 침입하여 문화를 약탈하고 되돌아 간 기록이 있어 전

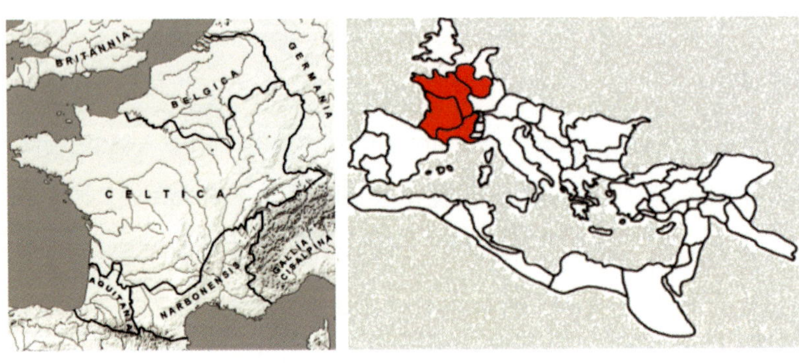

골의 영역[8]
ⓒ위키피디아 프랑스판

---

7) 프랑스 고대 지역인 골은 라틴어 표현인 갈리아로 표기할 수 있음.

골의 마을

체 골에 켈트족(골족)이 폭넓게 거주하고 있었음을 알 수 있었다. 특히 골 켈트는 기원전 600년경 골에 거주한 민족과 문화를 지칭한 것으로 고유의 언어(골 어)와 종교(드루이드)를 중심으로 골 켈트의 신화를 창조해 낸 곳이다.

골의 켈트신화를 드러내는 가장 중요한 요소이자 이 지역 종족의 특징 중 하나인 드루이드(druide) 종교는 구전에 의해 계승되어 오다, 고대 그리스와 로마의 문자로 병용표기 기록되었고 역사고고학적 자료가 뒷받침되어 당대 사회의 정신적 밑바탕이자 문화의 중심으로 평가받고 있다. 골인(les gaulois)의 지식 전달은 그들의 언어인 골어(la langue gauloise)가 문자를 갖추지 않은 구술 언어였기 때문에 기억과 구술성에 의존했다고 알려져 있다. 이후 그리스와 라틴 작가들에 의한 문예 작품 속에서 드루이드에 대한 정확하고 방대한 내용이 규칙적으로 기록되어 우리에게 전해지고 있다. Diodore de Sicile의 *Bibliothèque*

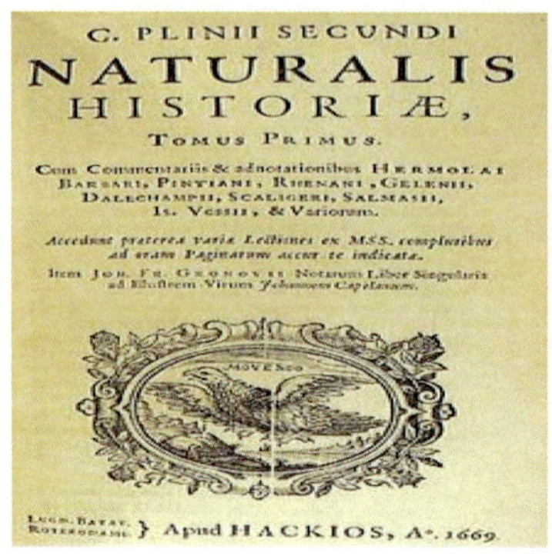

Histoire naturelle　　　　　　　　『골 전쟁기』

historique, Strabon의 *Géographie*, Pomponius Mela의 *De Chrographia*, Lucain의 *La Pharsale*, Pline l'Ancien의 *Histoire naturelle*과 세자르의 *Commentaires sur la Guerre des Gaules*(『골 전쟁기』)이 골 켈트 사회와 드루이드를 잘 설명하고 있는 대표적인 문학 작품이다.

이에 드루이드의 사제는 골 사회의 철학자, 과학자, 윤리학자로서 가장 학식이 높고 지혜가 높은 사람으로 추앙받았다. 사제가 되기 위한 수련 기간은 무려 20여 년으로, 선출되고 나면 왕의 조언자이자 교육, 종교, 행정 전반에서 사명을 갖고 활약하여 존경을 받았다.

기록에 따르면 "어떤 누구도 왕 앞에서 말을 할 수 없고, 왕은 자신의 드루이드 앞에서 말을 할 수 없다"는 것으로 드루이드는 허락 없이도 말을 할 수 있는 '대속자'였다는 것이다. 그가 맡은 주된 역할이 신성시되는 종교 행사를 지휘하고 희생 봉헌물을 관장하는 권리가 있었으며 켈트인의 종교이자 켈트 문명의 정체성을 이루는 드루이드주의(druidisme)를 구축했다. 또 켈트 신화를 드러내는 문헌 속에서 세자르, 키케론 등과 함께 'Diviciacos'라는 이름의 드루이드 사제가 소개되기도 했다.

드루이드 두 사제　　　　　　19세기에 표현된 드루이드
출처: 오툉(Autun)에 있는 두 드루이드 부조물

　골 지역에 기독교가 들어오기 훨씬 이전에 생성된 종교인 드루이드는 영혼불멸 사상과 윤회, 전생을 믿었으며 자연친화적인 철학으로 철학을 알고 전파하며 생활 속에서 실천되는 종교였다. 고대사회의 보편성으로 볼 때 최고의 신이자 대지의 신, 범신에 대한 믿음이 있었을 것으로 추정되며 드루이드 사제의 선출방식과 지위에 대해 신의 택함 혹은 혈통이 아니라 골 켈트 사회에서 가장 학식과 지혜가 높은 사람을 선출했다는 점에서 당대 종교 행사는 학술적 제례를 포함하는 형태였다고 알려져 있다.

　재생과 균형을 종교의 기본 원리로 삼아 세 가지 믿음, 즉 불, 지혜, 생명을 중요하게 인식하고 신은 삶, 학문, 힘에 의해 발현된다고 믿었으며 신이 부여한 세 가지 선물은 잠, 웃음, 눈물로 보았다. 또 용기, 신의, 이타심을 인간이 추구해야 할 미덕으로 삼고, 반면 오만, 배신, 이기심을 세 가지 악덕으로 규정하고 있다. 한편 우리의 인생은 심연의 세계, 물질의 세계, 죽어 천국에서 다시 태어나는 세 단계로 보았으며 삶이란 일시적으로 다른 세계를 오가는 잠시 동안의 유예일 뿐

골의 드루이드(신), 골의 여신, 드루이드 파노라믹스

육체가 죽더라도 영혼은 불멸하며 다른 세계로 오고 간다는 믿음, 즉 영혼불멸과 재생이 드루이드 사상의 명제였다.

거석문화가 유물로 남아 있는 드루이드의 자연관은 자연을 그대로 존중하며 초자연적인 계시에 의존하는 것이 아니라 학술적 토론을 통해 축제와 의식을 중시했다. 대략 12주 간격으로 일 년에 네 번 불의 축제를 거행했는데, 특히 춘분, 추분, 하지, 동지에는 종교적 학술축제를 열었다. 한편 황소의 축제를 근거로 나아가 인신공양 등 희생제의를 했다는 로마의 기록이 있으나 당대 골 사회가 구술문화였기에 정확하게 밝혀진 바 없어 로마의 모함 가능성을 제기하는 학자들도 있다.

골 사회 사람들은 윤회를 통해 양면의 삶을 살아본다는 믿음으로 선입견 없이 삶의 모든 면을 대할 수 있었다. 오늘날 프랑스인의 사고방식에도 이러한 전통이 남아 있어 이해할 수 없는 사람을 섣불리 판단하지 말아야 하며 모든 만물이 살아가야 할 이유와 권리가 있다고 생각하는 경향이 있다.

한편 골 사회의 언어 표기는 고대 그리스와 로마 문자를 차용하여 이중언어 병용 체계였기 때문에 드루이드 종교뿐만 아니라 콜리니 달력, 만신전과 같은 역사 흔적을 통해 골의 사회와 문화에 켈트적인 요소뿐만 아니라 그리스, 라틴 문화를 엿볼 수 있다.

앞서 보았듯이 골의 켈트 신화는 종교 드루이드를 통해 신화를 내포하는바, 이는 켈트 사회의 전반에 공통적으로 있는 네 가지 축제에 기인한다. 첫째, Samain으로 회합의 의미이며 11월 1일에 개최되었다. 켈트 달력(calendrier celtique)에서 가장 중요한 축제로 슬픔과 시련의 시기로 1주일간 행사를 지냈다. 둘째, Imbolc으로 정화의식의 의미로 2월 1일에 해당되며 겨울의 끝을 알리는 축성식으로 깨어남, 봄, 재생의 축제였다. 셋째, Beltain은 아름다움의 불의 의미로 5월 1일이며 Belenos 신과 동반자 Belisama 여신을 위한 경건한 축제로 드루이드들은 가축과 풍요를 위해 큰 불을 붙였다. 넷째, Lugnasad는 러그의 회합으로 8월 1일에 시작하고 추수, 수확, 풍요의 축제이며 왕은 부를 재분배했다. 또 노래와 춤, 놀이를 진행하고 문학과 스포츠 겨루기를 하

골의 콜리니 달력

기도 했다.

　이러한 드루이드 종교에서 나오는 켈트의 축제들은 신들과 인간의 화합을 바라는 의식이며 그 속에 숨겨진 신화들은 골 켈트 신뿐만 아니라 갈로·로마 시대를 투영한 그리스-로마의 신 등 혼재된 양상을 보이며 풍요로운 신화를 만들어 낸다.

4. 골의 켈트 신화

　골 켈트 신화는 이 땅에 기독교가 자리를 잡기 이전의 골인들 고유의 신 이야기, 신앙, 관습을 드러내고 있다. 이들의 문화 속에는 로마의 신들과 유사한 역할을 담당하는 골의 전통적인 신들과 여러 신들을 비교했다.[8]

켈트의 신

켈트의 신들

8) 4장 17 § 1,2 & 18 § 1.

로마의 신과 유사한 신들

이름	특성
Apollon	태양, 젊음, 힘, 치유의 신; Belenos, Borvo, Bituriges, Grannos, Matuicos, Mogounos, Siannus, Vindonnus, Virotutis, Vorocius와 유사함; Saint Paul로 기독교화됨
Bacchus	포도주의 신, 골에 포도밭이 유입되면서 들어 옴. 프로방스, 론 계곡, 아키텐느, 부르고뉴, 모젤 계곡으로 확산됨
Diane	사냥의 여신, 골의 Dianna와 유사함
Dioscures	죽음에서 삶으로 이끄는 신으로 주피터와 레다의 아들
Esculape	치유, 샘물의 신으로 로마에서 건너온 신
Hercule	로마 전쟁 이후 Ogmios, Smertios로 대체된 신으로 토착화됨
Junon	주피터의 배우자
Jupiter	주피터, 주노, 미네르바 3신 중 으뜸 신
Mars	기독교화된 이름(Saint Mars, Saint Martin, Saint Marcel, Saint Médard, Saint Mard)으로 알려진 신
Mercure	골의 신 Cotis, Lug, Teutates, Vosegus로 알려짐, Saint Michel로 기독교화됨
Minerve	골의 모신(母神)
Sylvain	숲과 이끼의 신
Vénus	사랑, 아이 보호의 여신
Vulcain	대장간의 신

골의 드루이드 종교는 Tibère 왕(14~37년경)에 의해 존속의 위협을 당했고 Claude(41~45년) 왕에 의해 금지되었다. 이에 골의 신들은 로마의 신들에 흡수되거나 유사한 역할들은 재수용되기도 했다. 이후 신화에 나오는 몇몇 신은 그 역할이 동일하여 보편적인 신으로 알려지게 되었다. 첫째, 예술의 창조자, 여행자, 상인의 수호신이자 상거래 이윤의 수호신인 로마의 메르쿠리우스는 골의 루구스로, 둘째, 질병을 물리치는 신인 아폴론은 벨레누스, 보르보, 그란누스로, 셋째, 전쟁을 주관하는 마르스는 노덴스로, 넷째, 하늘을 통치하는 주피터는 타라니스로, 다섯째, 수공업을 관장하는 미네르바는 골의 술리스, 콘벤티나, 이코벨라우나, 세콰나가 있다.

Mercure

Apollon

Jupiter

Diane

Vénus

팡데옹

Sequana

또 '골 켈트의 만신전'에 대한 언급으로 고대 그리스·로마의 신과 골의 신은 인간을 보호하는 기능을 가진 보편적인 신이 존재한다는 공통점을 지닌 반면, 골의 종교성에 기인한 특수한 신들이 있었다. 산, 나무, 강과 같은 특정지형에 정령이 있다고 믿는 지역의 신들과 '디스 파테르'라고 일컫는 조상신이 있었다.

골의 주요 신들

이름	특성
Alauda	종달새의 신
Anna / Na	모신, 산자, 죽은 자, 습기 찬 곳의 보호자, 브르타뉴 지방의 여신
Arduina	아르덴 숲의 보호자, 멧돼지 여신
Artio/Arto	곰 여신
Aximus	Aime의 신
Belatos	Belan의 신
Belenos	빛, 의학의 신, 타라니스의 아들인 젊은이의 힘을 상징
Belisama	Belenos의 동반자 여신
Bormo	Bormes – les – Mimosas의 신
Borvo	뜨거운 물의 신, 뱀의 몸과 양의 머리를 함
Bucio	염소의 신
Camulus	첫 왕의 아버지
Cernunnos	젊은이의 얼굴을 한 태양의 신
Cotis	아폴론과 유사한 신
Damona	치유의 여신
Dispater/ Dis Pater	죽음, 밤, 아버지의 신
Divona	신성 여신
Epona	골의 말 여신
Ésus	숲, 전쟁, 격렬한 죽음의 신
Grannos	태양과 빛의 신
Icovellauna	Metz – Sablon의 여신
Ivaros	Evaux의 신
Laucos	Lauzun의 신
Lenus	
Leucetios/ Loucetios	Aresaces와 Trévires의 골 신
Lug	기술, 예술, 상업의 신
Luxsa	온천의 여신
Maponos	포동포동한 얼굴의 젊은이로 바위 지역의 신
모신(母神)	로마와의 전쟁 이후 알려진 여신, 물, 샘물, 치유의 여신

Matugenos	젊은 영웅들 혹은 신들
Moccus	멧돼지 신
Moguntia	Metz의 여신
Moristagus	알레지아에서 발견된 골의 아폴론신들
Nantoscuelta	Sarrebourq의 신
Narbo	Narbonne의 신
Nemausos	나무, 샘의 신
Nerios	Néris의 일반 신
Ogmios	마술사의 신, 불의 정령
Rosmerta	갈로·로마 신화 속의 신
Saucona	성스러운 강의 여신
Segeta	Moingt의 여신
Sequana	센느 강의 치유의 여신
Sianna	Mont-Dore 어머니 여신
Sinquatis	Saincaize의 신
Sirona	토착 아폴론 신의 동반자
smertios	뱀의 신
Solimara	Soulosse의 여신
Sucellus	풍요의 수호자 신
Taranis	하늘, 천둥, 번개, 비의 골 신
Tarvos	황소의 신
Teutates	골 신화의 중심 신
Tutela	종교 도시의 여신
Vindonnos	Le blanc, 골의 아폴론 신들 중 하나
Vintios	Vens의 신
Virotutis	아폴론과 유사한 신
Visucius	골의 북동부에 출현한 Mercure와 유사한 신
Vorocius	Vichy에 있는 골의 아폴론 신
Vosegus	사슴의 신
Triades	모신(母神)

Lug

Taranis

Sirona

Belisama

  골의 만신(panthén)에는 500여 신이 존재한다고 한다. 어떤 신들은 유일한 장소에 존재하는 정령이다. 이는 로마의 신들과 다른 부분이며 골 켈트 신화의 중요 특성으로 인간과 닮은 신뿐만 아니라 장소에도 신이 존재한다는 믿음은 드루이드 종교의 자연관과 일치하는 것으로 볼 수 있다. 또 로마는 그리스의 신을 닮아 왔기 때문에 그리스·로마의 신이 켈트 사회에 그대로 수용되었다는 것도 알 수 있다.

Nantoscuelta

Ogmios

Rosmerta와 Mercure 상

sus 신

위와 같이 골 지역만의 토착신으로 자연을 존중했던 점으로 갈리아 켈트는 만물에 정령이 있고 윤회를 믿는 드루이드 종교가 신화 속에 근간을 이루고 있다고 볼 수 있는 대목이다.

반면 이 지역의 민족 간 이동과 교류의 영향으로 골과 그리스·로마의 신이 아닌 동양의 신으로 알려져 있는 신이 존재했다. 이들은 로마와의 전쟁 이후 골에 잔류하게 된 외국출신 용병 로마군이 숭배하던 것으로 보고 있다.

동양의 신들

이름	특성
Cybèle	론 계곡의 뿔이 세 개 달린 황소 숭배
Mithra	2세기 리옹에서 출현

Cybèle

Mithra

사슴뿔이 난 케르눈노스의 형상
출처: 덴마크 국립박물관 소장(코펜하겐 소재)

에포나(출처: 2~3세기로 추
정되는 콩테른에 있는 에포
나 여신의 부조물)

　이후 프랑스 전역에서는 고고학적 유물이 발견되어 골의 신들이 구
체적인 형상으로 알려지게 되었는데, 첫째 사슴뿔이 난 신인 케르눈
노스는 프랑스 랭스에서 곡물 또는 동전이 뿔 속에 가득 차 넘쳐흐르
는 형상으로 발견되었다. 둘째, 치유의 신인 아르미드, 벨레누스, 보르
보 등은 온천지역에 치유의 우물, 약초 관련 신으로 알려지게 되었다.
　셋째, 센 강의 여신 세퀘나를 비롯한 술리스, 다모나는 물의 여신으
로 기억되고 있으며 넷째, 말의 여신 에포나, 마하, 흐리안논은 골 전
역에서 광범위하게 숭배되었다가 갈로·로마 시대에 로마군에 흡수되
어 유럽으로 퍼지게 된다. 특히 에포나 여신은 부족의 승리와 방어에
중요한 힘이었던 말의 힘이나 말 타는 기술을 구체화한 화신으로 알
려지고 있다. 다섯째, 골 켈트족의 신앙에 반복적으로 나타나는 대지
의 모신 마트로나에와 다누는 혼자 등장하기도 하지만 삼신일체의 형
태로 셋이서 드러내는 경우가 더 많으며 흔히 이 여신들은 과일이나
느타리버섯 또는 파테라를 들고 서 있다. 혹은 커다란 가슴을 가지고
아기에게 수유하는 모습을 보여주기도 한다. 이는 통치권, 창조력, 다
산, 양육 등의 상징으로 알려져 있다.

5. 프랑스 속에 남아 있는 골의 켈트 신화

아스테릭스 마을

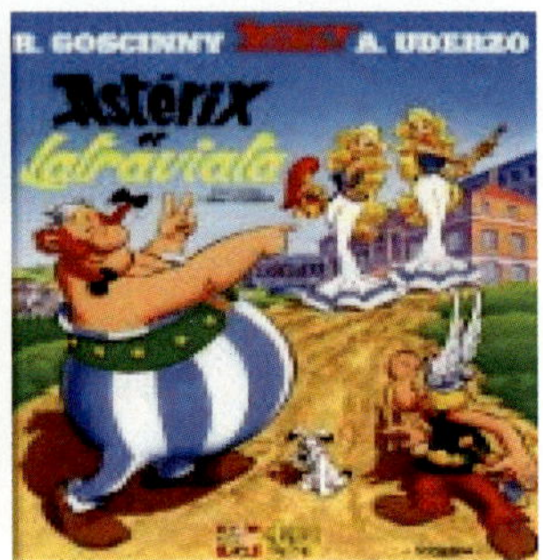
Astérix

아스테릭스 등장인물 포함 로고

　골의 켈트 신화는 '아스테릭스'(Astérix)라는 제목의 만화를 통해 프랑스인에게 인식되고 역사의 중요한 전통으로 계승되어 왔다. 프랑스에서의 만화에 대한 이미지는 어린이들의 전유물이 아니라 지성인의 상징으로 어른용 만화가 많은 편으로 역사를 비롯한 많은 전문적 지식을 배울 수 있기 때문이다. 『아스테릭스』도 역사를 배우는 내용으로 첫 출시 때부터 프랑스인이라면 꼭 읽어야 하는 국민만화에 등극하여 영화 등 다른 장르로도 재생산되었으며 파리 근교에 있는 골의 아르모리크를 재현한 아스테릭스 마을(parc Astérix)은 프랑스 과거로의 여행으로 각광받고 있다. 또 『아스테릭스』

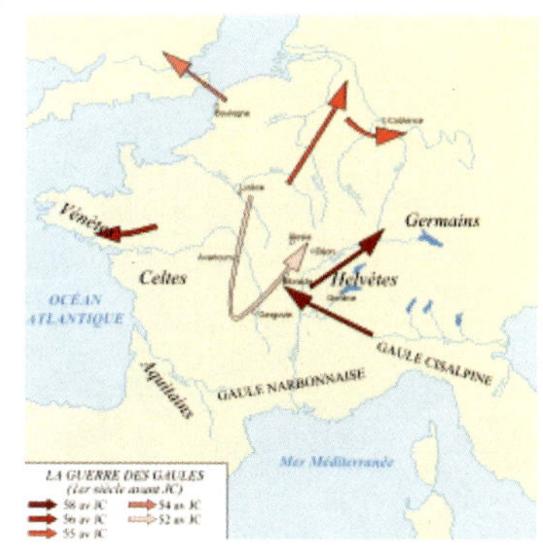

골 전쟁

는 여러 시리즈로 출판되어 프랑스뿐만 아니라 전 세계에서 각 언어로 번역되어 읽히고 있다. 우리나라에도 한글판이 소개되어 유럽의 역사를 공부하는 교재로 활용되기도 한다.

아스테릭스(Astérix)[9]는 『필로트』(Pilote)지에 1959년부터 1973년까지 연재되었으며 기원전 50년 로마의 골 침입 이후 아르모리크의 작은 골 마을을 배경으로 침략자에 대항하여 싸우는 용감한 골인에 대한 이야기다.

그들의 무기는 이곳 종교인 드루이드(druide) 신관이 만드는 기적의 물약으로 마시기만 하면 초월적인 힘이 생긴다는 전설이 있고 주인공으로 전사인 아스테릭스, 선돌 운반부인 오벨릭스(Obélix), 강아지 이데픽스, 신관 파노라믹스가 이야기를 풀어 나간다. 이들은 로마군에 대항하여 승리하는 골인의 표상이다.

---

9) 옛 이름은 'Astérix le Gaulois'(골인 아스테릭스)로 1959년 10월 29일 르네 고시니(René Goscinny)의 글에 알베르트 우데조(Albert Uderzo)의 그림으로 *Pilote* 지 창간호에 실린 프랑스-벨기에 합작 시리즈 만화로 전 세계에서 가장 많이 팔린 유럽 만화임.

베르생제토릭스

영웅, 베르생제토릭스

베르생제토릭스와 세자르

　　나아가 골 신화 속 인물들을 재현한 등장인물을 자세히 살펴보면, 첫째 실제 역사 인물인 베르생제토릭스로 알려져 있는 아스테릭스(Astérix)

는 골 전쟁 당시 세자르에 맞서 불굴의 의지로 세자르를 곤경에 빠트린 인물이다. 골의 전사이자 영웅으로 검은색 상의와 붉은색 바지, 깃털 두 개가 달린 투구를 쓰고 아담하고 왜소한 체구에 못생긴 얼굴로 묘사되는 등 당대 만화의 전통적인 영웅의 캐릭터와는 상반되는 인물로 골인 특유의 유머를 자아내고 있다. 초기 창작 당시 그림을 담당한 알베르트 우데조는 전쟁 영웅답게 신체 건장하고 힘이 센 인물로 묘사하려 했으나 시나리오를 쓴 르네 고시니가 스테레오타입의 보편적 신체보다는 반영웅적인 모습을 강력히 원했다고 알려져 있다. 대신 총명한 캐릭터를 창조하여 알파벳의 첫 글자인 'A'를 넣어 이름을 정하되 골의 영웅 베르생제토릭스(Vercingétorix)의 이름을 참조하여 'ix'로 끝나는 이름을 고심했다고 한다. 이렇게 탄생한 아스테릭스는 아버지인 아스트로믹스(Astronomix)와 어머니 프랄린느(Praline) 사이에서 친구 오벨릭스(Obélix)와 기원전 85년 같은 날에 태어났고, 이 두 친구의 부모님들은 콩다트(Condate)에서 기념품 가게를 하셨으며 미혼인 아스테릭스는 자녀는 없고 사촌 조리토락스(Jolitorax)가 있다.

둘째, 오벨릭스는 골의 거석문화를 상징하듯 돌을 나르는 선돌부를 직업으로 갖고 있는 아스테릭스의 친구로 어릴 적 마법의 물에 빠져 기이한 힘을 자랑하게 되었다. 세로줄무늬 파란색 바지를 입고 상의는 탈의한 채 신체적으로 슈퍼 영웅의 캐릭터를 갖게 된다. 지략이 뛰어난 아스테릭스와 달리 로마인들을 뒤쫓고 멧돼지를 사냥하는 데 어설픈 행동을 하고 향연을 즐기는 낭만적이고 감수성이 높은 인물로 등장한다. 아버지인 오벨로다릭스(Obélodalix)와 어머니 젤라틴느(Gélatine) 사이에서 태어났으며 고대 필사본의 미심쩍은 대목에 붙이던 갈고리 모양의 부호(obèle)에서 나온 이름으로 아스테릭스처럼 미혼에 아이가 없고 사촌 아메릭스(Amérix)가 있다.

셋째, 이데픽스(Idéfix)는 오벨릭스의 강아지로 첫 시리즈부터 주인공으로 나오며 골 전역을 누비는 아스테릭스, 오벨릭스를 항상 동반하는 역할을 한다. 이데픽스의 이름을 선정하는데 있어 필로트지는 무려 1년 동안 이루어진 공모를 통해 정했다. 'idée fixe'(고정관념)의 의미인 이 작은 강아지는 흰색으로 품종이 명확하지 않으며 뼈와 나무를 좋아한다.

넷째, 파노라믹스(Panoramix)는 그 마을 드루이드로서 예언을 준비한다. 골 마을을 책임지는 지도자로 흰색 옷에 붉은 망토를 걸치고 있다. 우리가 골 신화 드루이드 그림에서 볼 수 있는 것처럼 흰색 긴 수염과 금으로 된 낫도끼를 들고 있고 겨우살이를 채집하고 있다. 파노라믹스 이름의 기원은 드넓은 풍경을 의미하는 'Panoramique'에서 나왔다.

다섯째, 아브라라쿠르시스(Abraracourcix)는 '광인들의 마을'(village des fous)의 수장으로 이름의 기원은 프랑스어 표현 중 '팔을 굽힌 채 거세게 공격하다'(tomber sur quelqu'un à bras raccourcis)에서 나왔으며 실제 아브라라쿠르시스는 골의 대전투 중의 하나인 알레시아 전투에 참전한 우두머리 전사로 나온다. 마을에서의 수장이지만 실제 역할이 높았던 것은 아니고 중요한 사안에 있어서는 아스테릭스와 파노라믹스에 의해 결정되었다. 정치권력이 내부에서 행해졌다기보다 외부의 상황을 주로 담당하였다. 그는 마을의 옛 수장 아들로서 본민느(Bonemine)와 결혼을 하고 마을 수장의 승계가 혈족에 의한 것임을 보여주는데 그에게 자녀가 없어 마을 계승 문제를 안고 있는 인물이다. 파리의 옛 이름인 루테시아에 살고 있는 형제인 오세아닉스(Océanix)가 있으며 조카인 구뒤릭스(Goudurix) 등의 친척이 있어 복잡한 상황을 예고한다.

여섯째, 아쉬랑스투릭스(Assurancetourix)는 마을의 음유시인으로 음악적인 재능이 크게 뛰어난 것은 아니다.

일곱 번째, 쥘 세자르(Jules César)는 골에 부임한 로마 집정관으로 이 마을의 저항에 신경이 곤두서 있는 인물로 나온다. 실제 골 전쟁이 8여 년에 걸쳐 있었으므로 골인의 저항이 거세었다는 것을 짐작할 수 있는 대목이다. 세자르는 역사적 인물을 대표하는 캐릭터로 둥근 얼굴형과 길고 곧은 코를 가진 인물이지만 시리즈 속에서는 극적인 효과를 위해 화려한 인물로 나온다. 그는 클레오파트라와의 사이에 세자리온이라는 아들과 입양한 부루투스가 있다.

이외에도 이 골 마을의 구성원인 다른 골인들로 대장장이인 세토토마틱스(Cétautomatix)와 생선장수인 오르드랄파베틱스(Ordralfabétix), 이 마을 최고 연장자로 존중받는 인물인 아즈카노닉스(Agecanonix) 등이 나온다. 특히 영화 속에서 더욱 인기를 끌었던 골 최고의 미녀 팔바라(Falbala)는 낭만적인 오벨릭스의 사랑을 받지만 전차와 말을 빌려주는 일을 하는 젊은 상인인 트라지코믹스(Tragicomix)와 약혼을 한다.

한편 첫 시리즈는 골 전쟁 시기를 다루고 있으므로 로마인들이 나오는데 병영의 로마 군인들로 역사적인 인물도 있고 허구적인 인물이 있으며 실제 군 작전과 전략 등이 상세하게 그려져 있다. 당대 국제관계를 알 수 있는 바다를 통해 침입하는 해적들이 나오며 고트족, 페니키아인, 이집트인들도 등장하여 고대 이 지역의 역사를 볼 수 있는 내용이다.

결국 골인들의 기질을 드러내는 유머러스한 요소들을 가미하고 언변과 재치가 뛰어난 골의 언어는 섬세한 역사적 고증을 거쳐 골어를

살려놓았다. 이로써 골의 켈트 사회를 가장 잘 투영했다고 평가받는
『아스테릭스』는 골의 켈트 신화적 요소인 마법, 드루이드, 거석문화,
전사 등에 대한 상세한 기술로 현대판 골 켈트 신화의 전형으로 해석
되고 있다.

참고문헌

월트 J. 옹, 『구술문화와 문자문화』, 이기우·임명진 역, 문예출판사, 2009.

백인호, 「Carnac」, 『월간 불어 France et Français』, 1993.

장니나, 「골어(la langue gauloise)를 통해 본 토착문화의 이문화 융합 현상 분석 연구」, 『프랑스학 연구』 57, 2011, pp.317–341.

장니나·최춘식·최자영, 「골어(La langue gauloise)와 골(Gaule) 주변 언어 간 혼효 현상 연구: 고대 및 중세 초 골 지역을 중심으로」, 『프랑스학 연구』 61, 2012, pp.153–180.

존 줄리어스 노리치, 『지중해 5000년의 문명사 상』, 이순호 역, 뿌리와 이파리, 2009.

A. Ferdière, F. Malrain, V. Matterne, P. Méniel et A. Nissen Jaubert, *Histoire de l'agriculture en Gaule 500 av. J.-C. -1000 apr. J.-C.*, Editions Errance, 2006.

A. Hermary, A. Hesnard, H. Tréziny, *Marseille grecque*, Editions Errance, 1999.

Ch. Hussy et M. Olive, *Les gtandes découvertes en Préhistoire*, Édisud, 2006.

F. Mandet, *Histoire de la langue romane*, Chez Dauvin et Fontaine, 1840.

G. Coulon, *Des Gaulois aux Gallo-Romains*, Gallimard, 2008.

G. Dottin, *La langue gauloise: grammaire, textes et glossaire*, Librairie C. Klincksieck, 1918.

J. Pirson, *La langue des inscriptions latines de la Gaule*, Bruxelles: Société belge de librairie, 1901.

N. Rouvière, *Astérix ou les lumières de la civilisation*, PUF, 2006.

P.-M. Duval, *Les Dieu de la Gaule*, Éditions Payot, 1993.

http://www.histoirdefrance.fr/maj/celtes.htm

http://crehangec.free.fr

http://www.asterix.com/index.html.fr?rub=francais

임병필

한국외국어대학교 박사 아랍문학 전공
부산외국어대학교 지중해지역원 HK연구교수

김효정

하제테페대학교 튀르크어학 박사
부산외국어대학교 터키·중앙아시아어과 교수

최자영

이와니아대학교 박사 역사고고학 전공
부산외국어대학교 지중해지역원 HK조교수

김희정

밀라노가톨릭대학교 박사 이탈리아문학 전공
한국외국어대학교 이탈리아어과 조교수

임주인

서울대학교 박사 스페인문학 전공
부산외국어대학교 지중해지역원 HK연구교수

장니나

파리Ⅷ대학교 박사 프랑스사회언어학 및 F.L.E 전공
부산외국어대학교 지중해지역원 HK연구교수

지중해의 **신화**

초 판 인 쇄 ㅣ 2013년 5월 15일
초 판 발 행 ㅣ 2013년 5월 15일

지 은 이 ㅣ 지중해지역원
펴 낸 이 ㅣ 채종준
펴 낸 곳 ㅣ 한국학술정보㈜
주   소 ㅣ 경기도 파주시 문발동 파주출판문화정보산업단지 513-5
전   화 ㅣ 031) 908-3181(대표)
팩   스 ㅣ 031) 908-3189
홈 페 이 지 ㅣ http://ebook.kstudy.com
E - m a i l ㅣ 출판사업부 publish@kstudy.com
등   록 ㅣ 제일산-115호(2000. 6. 19)

ISBN   978-89-268-4310-9 93920 (Paper Book)
           978-89-268-4311-6 95920 (e-Book)

이담 Books 는 한국학술정보㈜의 지식실용서 브랜드입니다.

이 책은 한국학술정보(주)와 저작자의 지적 재산으로서 무단 전재와 복제를 금합니다.
책에 대한 더 나은 생각, 끊임없는 고민, 독자를 생각하는 마음으로 보다 좋은 책을 만들어갑니다.